Inhalt

Meiner Tochter Susanne

1. Hitlerjugend und Bund Deutscher Mädel

1.1. Die Hitlerjugend verspricht Gemeinschaft und Kameradschaft

[1] „Komm zu uns"

Werbeplakate für die Hitlerjugend

Heinz Boberach, Jugend unter Hitler, Düsseldorf 1982, S. 47

[2] Eintritt gegen den Willen der Eltern

Die 15jährige Melita Maschmann tritt freiwillig ein.

„Wenn ich den Gründen nachforsche, die es mir verlockend machten, in die Hitler-Jugend einzutreten, so stoße ich auch auf diesen: Ich wollte aus meinem kindlichen, engen Leben heraus und wollte mich an etwas binden, das groß und wesentlich war. Dieses Verlangen teilte ich mit unzähligen Altersgenossen.

Da meine Eltern mir nicht erlaubten, Mitglied der Hitler-Jugend zu werden, wurde ich es heimlich. Für mich begann jetzt meine private ‚Kampfzeit'. Ich holte nach, was meine neuen Kameraden und Kameradinnen vor 1933 geleistet hatten: die unter persönlichen Opfern erkaufte Zugehörigkeit zur nationalsozialistischen Jugend. Um es vorwegzunehmen: Was zunächst auf mich wartete, war eine bittere Enttäuschung, deren Ausmaß ich mir nicht einzugestehen wagte. Die Heimabende, zu denen man sich in einem dunklen und schmutzigen Keller traf, waren von einer fatalen Inhaltslosigkeit.

Die Zeit wurde mit dem Einkassieren der Beiträge, mit dem Führen unzähliger Listen und dem Einpauken von Liedertexten totgeschlagen, über deren sprachliche Dürftigkeit ich trotz redlicher Mühe nicht hinwegsehen konnte. Aussprache über politische Texte – etwa aus ‚Mein Kampf' – endeten schnell in allgemeinem Verstummen …

In besserer Erinnerung sind mir die Wochenendfahrten mit den Wanderungen, dem Sport, den Lagerfeuern und dem Übernachten in Jugendherbergen. Gelegentlich gab es dabei Geländespiele mit benachbarten Gruppen. Wenn zwischen ihnen Rivalitäten bestanden, artete das Spiel manchmal in zünftige Prügeleien aus. Was für einen Anblick die sich sich um einen Wimpel raufenden Mädchen einem Außenstehenden geboten haben mögen, will ich mir lieber nicht ausmalen.

Aber selbst der Fahrtenbetrieb versöhnte mich nicht mit der Langweiligkeit des übrigen ‚Dienstes'. In meiner Gruppe war ich das einzige Mädchen, das eine höhre Schule besuchte. Die anderen waren Verkäuferinnen, Büroangestellte, Schneiderinnen und Dienstmädchen. Mein Wunsch, in die Gemeinschaft der ‚arbeitenden Jugend' aufgenommen zu werden, hatte sich also erfüllt. Daß die Erfüllung eine schmerzhafte Enttäuschung war, erklärte ich mir folgendermaßen: Diese Mädchen entstammen dem Kleinbürgertum und blickten neidvoll auf die ‚Höheren Töchter', denen ich zu entrinnen trachtete. Sie waren nicht die Gefährtinnen, die ich suchte, nämlich ‚Jungarbeiterinnen'."

Melita Maschmann, Fazit. Mein Weg in der Hitler-Jugend, München 1979, S. 9ff.

[3] Das Fahnenlied der HJ

Vorwärts! Vorwärts!

Hans Otto Borgmann

Uns geht die Sonne nicht unter. Lieder der Hitlerjugend, Köln o. J. [1935], S. 5 f.

[4] Die erste Uniform

„Ich kam jetzt auch ins Jungvolk. Mit 11 Jahren. Das war zwar noch nicht gesetzliche Pflicht – die wurde erst Ende 1936 eingeführt; aber es war schon so eine Art freiwilligen Zwanges.

Nun war ich also ein Pimpf. Und ein Pimpf braucht eine Uniform. Mutter ging mit mir ins Modehaus Marschner und nahm gleich die Sigrid mit, die „Deutsches Jungmädel" werden sollte und auch eine Uniform brauchte. Wir kauften für mich: Schiffchen (Kopfbedeckung), kurze Manchesterhose, Braunhemd, Dreieckstuch mit Lederknoten (das war der Schlips), den Schulterriemen mit zwei Schlaufen, die am Koppel zu befestigen waren, das Koppel mit Koppelschloß, das Fahrtenmesser, das HJ-Abzeichen sowie ein Dreieck mit der Aufschrift „Mitte Sachsen" und die Siegrune[1].

Nun mußte Mutter das Dreieck mit der Aufschrift „Mitte Sachsen" und die Siegrune auf den Ärmel des Braunhemdes aufnähen. Aber auf welchen? Wir wußten es beide nicht. Also nähte sie die Dinger auf den rechten Ärmel.

Herzklopfend schlich ich zum Appellplatz. Altenberg hatte ein Fähnlein, das war eine Gruppe von etwa 120 Mann. Ein Fähnlein war eingeteilt in drei

(1) Ein Zeichen wie ein Blitz – Symbol für das Deutsche Jungvolk

Jungzüge, und jeder Jungzug bestand aus drei Jungenschaften. Ich wurde der 2. Jungenschaft im 2. Jungzug zugeteilt.

Als erstes mußten wir nach Jungenschaften antreten. Sie machten Uniformappell. Ich hatte natürlich längst gemerkt, daß die Dinger auf dem falschen Ärmel aufgenäht waren.

Mein Jungenschaftsführer war der Matthes, fast 14 und nur eine Klasse über mir: Sitzenbleiber. Als er sah, daß Siegrune und Dreieck auf dem falschen Ärmel saßen, wäre er fast explodiert. Mit krächzender Stimme – er war gerade im Stimmbruch – brüllte er: „Helbig – vortreten!“ Ich trat vor. „Guckt euch den mal an!“ sagte der Matthes zur Jungenschaft, und die durften mich erst mal auslachen. Dann ging es aber los: „Helbig, im Laufschritt, marsch, marsch!“ Ich trabte los. „Hinlegen!“ Ich wußte schon, daß man beim Jungvolk bedingungslos gehorchen mußte. Also legte ich mich hin, suchte mir dabei allerdings zwischen den Pfützen eine trockene Stelle. „Du legst dich dort hin, wo es befohlen wird! Zurück, marsch marsch!“ Und dann kam wieder: „Hinlegen!“ Ich platschte mitten in eine Pfütze, und der kriegte was ab. Nun war es um ihn geschehen. „Warte, du Sau! Dir werd' ich's zeigen! Auf meine Höhe vorrobben!“ Ich wußte nicht, was das war. Fast liebevoll erklärte er mir, ich solle auf ihn zukriechen, aber nur mit Hilfe der Ellenbogen, und die Beine, ohne sie zu bewegen, nachziehen. Sobald ich auf seiner Höhe angelangt war, trat er ein paar Schritte zurück, so daß ich weiterrobben mußte. Und dann jagte er mich wieder herum mit „Sprung auf marsch marsch! Hinlegen! Sprung auf marsch marsch!“

Als er endlich von mir abließ, sah ich wirklich wie eine Sau aus. Dann zog der Matthes sein Fahrtenmesser heraus und trennte damit das Dreieck mit der Aufschrift „Mitte Sachsen“ und die Siegrune vom Ärmel. Dabei entstanden große Löcher im Braunhemd. Vor Scham und ohnmächtiger Wut standen mir die Tränen in den Augen.

Mutter war entsetzt, als ich so verdreckt nach Hause kam. Erst wollte sie mir eine „schwappen“, aber als ich ihr erzählte, was passiert war, war sie hell empört. Vor allem darüber, daß das Braunhemd kaputt war. Sie rief Vater zu: „Georg, da mußt du doch was tun!“

Vater war in dieser Hinsicht immer recht bequem und tat zunächst nichts. Und ich schwänzte einfach die folgenden Male den Dienst. Da kam der Matthes zu meinem Vater, um sich über mich zu beschweren. Vater schmiß ihn raus und nannte ihn einen unverschämten Lümmel. Aber so ging das auch nicht. Vater konnte sich als Lehrer nicht gut mit dem Jungvolk verfeinden. Also tat er dann doch etwas. Vater schnappte sich das kaputte Braunhemd und ging zum Donner-Erich, den er von den Kreissportfesten her gut kannte. Der Donner-Erich war unser Fähnleinführer. Mit goldenem HJ-Abzeichen. Er war also schon vor 1933 Mitglied der HJ geworden. Außerdem war er Studienassessor an der „Höheren Grenzlandschule“. Wir hatten

bei ihm Erdkunde, und ich war ihm schon positiv aufgefallen, weil ich sämtliche Gebiete aufzählen konnte, die Deutschland durch den Schandvertrag von Versailles verloren hatte.
Der Donner-Erich entschied, daß ich in eine andere Jungenschaft kam. Der Matthes wurde von ihm angeschissen. Nicht, weil er mich durch den Dreck geschliffen hatte; das war schon in Ordnung. Sondern, weil er mein Braunhemd kaputt gemacht hatte. Die Führer durften so ungefähr alles mit uns machen; aber sie durften uns nicht berühren.
Ich ging wieder zum Dienst und beschloß, nie wieder aufzufallen."

Ludwig Helbig, „Und sie werden nicht mehr frei ihr ganzes Leben!". Eine kleinbürgerliche Kindheit und Jugend im „Dritten Reich", Weinheim und Basel 1982, S. 28ff.

1.2. In der Hitlerjugend werden alle Jugendlichen erfaßt

[5] Die gesamte deutsche Jugend wird in der HJ zusammengefaßt

„Gesetz über die Hitler-Jugend

Von der Jugend hängt die Zukunft des deutschen Volkes ab. Die gesamte deutsche Jugend muß deshalb auf ihre künftigen Pflichten vorbereitet werden.
Die Reichsregierung hat daher das folgende Gesetz beschlossen, das hiermit verkündet wird.

§ 1
Die gesamte deutsche Jugend innerhalb des Reichsgebietes ist in der Hitler-Jugend zusammengefaßt.

§ 2
Die gesamte deutsche Jugend ist außer in Elternhaus und Schule in der Hitler-Jugend körperlich, geistig und sittlich im Geiste des Nationalsozialismus zum Dienst am Volk und zur Volksgemeinschaft zu erziehen.

§ 3
Die Aufgabe der Erziehung der gesamten deutschen Jugend in der Hitler-Jugend wird dem Reichsjugendführer der NSDAP übertragen. Er ist damit „Jugendführer des Deutschen Reiches". Er hat die Stellung einer Obersten Reichsbehörde mit dem Sitz in Berlin und ist dem Führer und Reichskanzler unmittelbar unterstellt.

§ 4

Die zur Durchführung und Ergänzung dieses Gesetzes erforderlichen Rechtsverordnungen und allgemeinen Verwaltungsvorschriften erläßt der Führer und Reichskanzler.

Berlin, den 1. Dezember 1936

Der Führer und Reichskanzler: Adolf Hitler.
Der Staatssekretär und Chef der Reichskanzlei: Dr. Lammers"

Hans-Christian Brandenburg, Die Geschichte der HJ, Köln 1968, S. 180

[6] „... und sie werden nicht mehr frei ihr ganzes Leben!"

Auszug aus einer Rede Hitlers in Reichenberg (Sudetenland) am 2. Dezember 1938, zwei Monate nach dem Einmarsch der deutschen Wehrmacht ins Sudetenland

„Diese Jugend, die lernt ja nichts anderes, als deutsch denken, deutsch handeln, und wenn diese Knaben mit zehn Jahren in unsere Organisation hineinkommen und dort oft zum ersten Male überhaupt eine frische Luft bekommen und fühlen, dann kommen sie vier Jahre später vom Jungvolk in die Hitlerjugend, und dort behalten wir sie wieder vier Jahre, und dann geben wir sie erst recht nicht zurück in die Hände unserer alten Klassen- und Standeserzeuger, sondern dann nehmen wir sie sofort in die Partei, in die Arbeitsfront[1], in die SA[2] oder in die SS[3], in das NSKK[4] und so weiter. Und wenn sie dort zwei Jahre oder anderthalb Jahre sind und noch nicht ganze Nationalsozialisten geworden sein sollten, dann kommen sie in den Arbeitsdienst und werden dort wieder sechs und sieben Monate geschliffen, alles mit einem Symbol, dem deutschen Spaten. Und was dann nach sechs oder sieben Monaten noch an Klassenbewußtsein oder Standesdünkel da oder da noch vorhanden sein sollte, das übernimmt dann die Wehrmacht zur weiteren Behandlung auf zwei Jahre, und wenn sie nach zwei, drei oder vier Jahren zurückkehren, dann nehmen wir sie, damit sie auf keinen Fall rückfällig werden, sofort wieder in die SA, SS und so weiter, und sie werden nicht mehr frei ihr ganzes Leben!"

Ursachen und Folgen. Vom deutschen Zusammenbruch 1918 und 1945 bis zur staatlichen Neuordnung Deutschlands in der Gegenwart, hrsg. von Herbert Michaelis u. Ernst Schraepler. Bd. XI, Berlin o. J., S. 138f.

---

(1) Deutsche Arbeitsfront (DAF), eine Zwangsvereinigung für Unternehmer, Angestellte und Arbeiter
(2) Bewaffneter Kampfverband der NSDAP
(3) Elitetruppe der NSDAP unter Führung von Heinrich Himmler
(4) Nationalsozialistisches Kraftfahrerkorps

[7] Der Weg des „gleichgeschalteten" Staatsbürgers

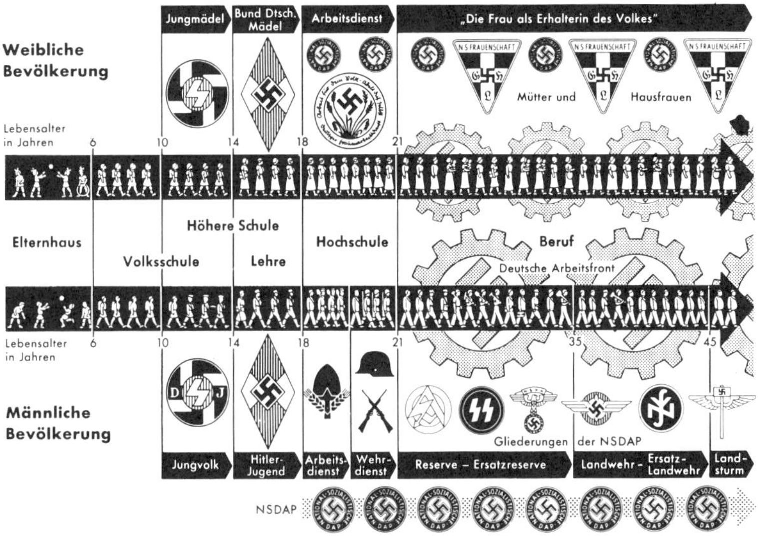

[8] Zwangsmitgliedschaft in der HJ

Aus der zweiten Durchführungsverordnung zum Gesetz über die Hitler-Jugend (Jugenddienstverordnung) vom 25. März 1939

„§ 1 Dauer der Dienstpflicht

(1) Der Dienst in der Hitler-Jugend ist Ehrendienst am Deutschen Volke.

(2) Alle Jugendlichen vom 10. bis zum vollendeten 18. Lebensjahr sind verpflichtet, in der Hitler-Jugend Dienst zu tun und zwar: ...

1. die Jungen im Alter von 10 bis 14 Jahren im „Deutschen Jungvolk" (DJ.),
2. die Jungen im Alter von 14 bis 18 Jahren in der „Hitler-Jugend" (HJ.),
3. die Mädchen im Alter von 10 bis 14 Jahren im „Jungmädelbund" (JM.),
4. die Mädchen im Alter von 14 bis 18 Jahren im „Bund Deutscher Mädel" (BDM.)...

§ 7 Blutmäßige Anforderungen

Juden ... sind von der Zugehörigkeit zur Hitler-Jugend ausgeschlossen.

§ 9 Anmeldung und Aufnahme

(1) Alle Jugendlichen sind bis zum 15. März des Kalenderjahres, in

dem sie das 10. Lebensjahr vollenden, bei dem zuständigen HJ.-Führer zur Aufnahme in die Hitler-Jugend anzumelden ...

(2) Zu der Anmeldung ist der gesetzliche Vertreter des Jugendlichen verpflichtet.

(3) Die Aufnahme in die Hitler-Jugend erfolgt zum 20. April[1] eines jeden Jahres ...

§ 12 Strafbestimmungen

(1) Ein gesetzlicher Vertreter wird mit Geldstrafe bis zu 150 Reichsmark oder mit Haft bestraft, wenn er den Bestimmungen des § 9 dieser Verordnung vorsätzlich zuwiderhandelt.

(2) Mit Gefängnis und Geldstrafe oder mit einer dieser Strafen wird bestraft, wer böswillig einen Jugendlichen vom Dienst in der Hitler-Jugend abhält oder abzuhalten versucht ...

(4) Jugendliche können durch die zuständige Ortspolizeibehörde angehalten werden, den Pflichten nachzukommen, die ihnen auf Grund dieser Verordnung und den zu ihr ergangenen Ausführungsbestimmungen auferlegt worden sind ...

Berlin, den 25. März 1939
Der Führer und Reichskanzler
Adolf Hitler

Der Stellvertreter des Führers
R. Heß

Der Reichsminister und Chef der Reichskanzlei
Dr. Lammers"

Hans-Christian Brandenburg, Die Geschichte der HJ, Köln 1968, S. 308ff.

[9] 91% der Jugendlichen sind in der HJ (1939)

Mitgliederzahl in der HJ im Vergleich zur Gesamtzahl der Jugendlichen zwischen 10 und 18 Jahren

Jahr	Gesamtzahl der 10- bis 18jährigen:	Zahl der HJ-Mitglieder
1932		107956
1933	7529000	2300000
1934	7682000	3577000
1935	8172000	3900000
1936	8656000	4400000
1937	9060000	5800000
1938	9109000	7000000
1939	8870000	8100000

Werner Klose, Generation im Gleichschritt, Oldenburg/Hamburg/München 1982, S. 48

(1) Am 20. April ist Hitlers Geburtstag.

1.3. Die Hitlerjugend verlangt Dienst und Gehorsam

[10] Überreichung von Schulterriemen, Fahrtenmesser und HJ-Abzeichen an einen Pimpfen (1936)

Hilfe Schule. Ein Bilder-Lese-Buch über Schule und Alltag Berliner Arbeiterkinder, hrsg. von der Arbeitsgruppe Pädagogisches Museum, Berlin 1981, S. 173

[11] Der Jungvolkdienst

„Wir hatten zwei- bis dreimal die Woche Dienst. Dazu kamen noch die vielen Sondereinsätze, vor allem die Sammelaktionen, der Ernteeinsatz, die Sommerlager.

Regelmäßige Diensttage waren der Mittwoch, der Sonnabend und alle zwei Wochen der Sonntagvormittag.

Am Mittwochnachmittag war Heimabend. Da hielt der Jungzugführer oder der Fähnleinführer eine Art Unterricht ab. Wir lernten die Dienstgrade des Jungvolks, der Hitlerjugend, der Wehrmacht auswendig, ferner Fahnensprüche und Schwertworte und sangen Nazilieder. Der Lebensweg des Führers wurde wieder und wieder durchgekaut. Manchmal hatten wir auch Kartendienst. Dabei lernten wir das Kartenlesen und das Einrichten der Karte nach dem Kompaß. Diese Heimabende machten mir nicht allzu viel aus. Nur waren sie bald sehr langweilig, weil nichts Neues dazukam.

Der Dienst an den Sonnabendnachmittagen begann um 14 Uhr und dauerte meist bis 18 Uhr. Er begann gewöhnlich mit einem Uniformappell. Manchmal wurden auch die Haare gemessen. Dann zog der Führer ein Streichholz hervor und maß daran die Haare. Wehe, wenn auch nur ein Haar länger als ein Streichholz war! Anschließend wurde exerziert. Manchmal bis zum Umfallen. Hier regte mich die Brüllerei der Führer besonders auf. Die waren meist ja nur ein, zwei Jahre älter als ich selber. Aber sie hatten im Grunde mehr Macht über mich als die Eltern oder die Lehrer. Wenigstens für die Dauer des Dienstes. Wir kannten sie ja alle von der Schule (die Führer waren bei uns alle vom Gymnasium, keiner von der Volksschule), und meistens waren sie schlecht in der Schule, und hier spielten sie sich auf und konnten dich herumjagen, und du mußtest auch noch zackig sagen: „Jawoll, Jungenschaftsführer!“ „Bitte austreten zu dürfen, Jungzugführer!“

Manchmal war auch Sport. Das machte mir Spaß, weil ich da gut war. Ab und zu marschierten wir nach Geising, das zwei Kilometer entfernt lag, um dort auf dem Kleinkaliberstand das Schießen zu lernen. Oder es ging ins Gelände und man brachte uns bei, das Gelände zu beschreiben („Entfernung 500 Meter geradeaus ein Kugelbaum. Ein Daumensprung rechts ein Waldstück“). Oder wir mußten eine ordnungsgemäße Meldung überbringen nach dem Muster: „Wann wurde die Beobachtung gemacht? Wer oder was wurde beobachtet? Wie verhielt sich der beobachtete Feind? Wo geschah dies? Und was tue ich weiter?“

Der Dienst an jedem zweiten Sonntagvormittag war besonders lästig. Praktisch fiel dadurch jedes zweite Wochenende für uns weg. Entweder war Sport oder Geländedienst oder Marschieren. Zum Geländedienst marschierten wir für gewöhnlich in den Wald, übten das Tarnen und das Anschleichen an den Feind oder führten ein Geländespiel durch …

Oft fiel den Führern nichts weiter ein, als uns stundenlang durch Altenberg marschieren zu lassen. Die eine Straße rauf, die andere runter. Voran die Fahne, die Trommeln und die ewig falschspielenden Fanfaren, dann die drei Jungzüge. Sorgfältig achteten die Führer darauf, daß auch jeder Mann und jede Frau die Fahne mit dem deutschen Gruß grüßte. Vergaß das mal jemand, so spritzte einer der Führer hin und brüllte den Missetäter an. Und wenn er 70 war.

Sehr beliebt war es bei den Führern, uns sonntags vormittags während des Gottesdienstes um die Kirche herummarschieren zu lassen mit Trommelwirbel und Fanfarengequäke oder auch mit lautem Singen. Das empörte jedesmal meinen Vater, der ja zum Gottesdienst die Orgel spielte. Manchmal, so berichtete er, mußte der Pfarrer minutenlang die Predigt unterbrechen.

Nach einigen Monaten legte ich die Pimpfenprobe[1] ab und war damit vollgültiges Mitglied des Deutschen Jungvolks.
Zweimal nahm ich an Sommerlagern teil, die immer in den großen Ferien stattfanden. Wir marschierten an mit gepacktem Tornister, bauten auf einer Wiese Zelte auf, legten Latrinen an („Donnerbalken"), kochten unser Essen selbst (meist Erbsensuppe), exerzierten oder trieben Sport oder rückten ins Gelände zu vormilitärischem Drill. Abend saßen wir dann am Lagerfeuer und sangen Lieder.
Viele waren von den Sommerlagern begeistert. Ich nicht. Spätestens nach einer Woche stanken wir wie die Pest, hatten Verdauungsstörungen und waren erkältet."

Ludwig Helbig, „Und sie werden nicht mehr frei ihr ganzes Leben!". Eine kleinbürgerliche Kindheit und Jugend im „Dritten Reich", Weinheim und Basel 1982, S. 36ff.

[12] Tornisterpacken bei der Pimpfenprobe

Arbeitsgruppe Pädagogisches Museum (Hrsg.), Heil Hitler, Herr Lehrer. Volksschule 1933–1945. Das Beispiel Berlin, Reinbek 1983, S. 166

(1) **Geforderte Leistungen bei der Pimpfenprobe:**

„Der Pimpfenprobe soll sich jeder Junge innerhalb der ersten sechs Monate nach dem Eintritt in das Deutsche Jungvolk unterziehen:

1. 60-m-Lauf . . . . 12 Sekunden	5. Teilnahme an einer 1½tägigen Fahrt
2. Weitsprung . . . . 2,75 m	6. Kenntnis der Schwertworte des Jungvolkjungen
3. Schlagballweitwerfen 25 m	7. Kenntnis des Horst-Wessel-Liedes und des HJ.-Fahnenliedes.
4. Tornisterpacken	

Vom Horst-Wessel- und HJ.-Fahnenlied ist lediglich der Text, nicht das Vorsingen erforderlich."

Günter Eisner/Karl-Gustav Lerche, Vom Pimpf zum Flieger, München 1941, S. 51

[13] HJ und BDM lernen schießen

Hans-Adolf Jacobsen/ Hans Dollinger (Hrsg.), Deutschland. Hundert Jahre Deutsche Geschichte, München 1973, S. 223

Hilfe Schule. Ein Bilder-Lese-Buch über Schule und Alltag Berliner Arbeiterkinder, hrsg. von der Arbeitsgruppe Pädagogisches Museum, Berlin 1981, S. 178

[14] „Wer oben ist, darf treten."

Karl-Heinz Janßen (Jahrgang 1930) fragt: „Wie haben wir das nur vier Jahre ertragen?"

„Wir waren Hitler-Jungen, Kindersoldaten, längst ehe wir mit zehn Jahren dafür wert befunden wurden, das Braunhemd zu tragen, schon vorher waren wir dauernd ‚im Einsatz'. Wir sammelten Altpapier und Altmetalle, suchten Heilkräuter, schwangen fürs Winterhilfswerk die Sammelbüchse, bastelten Spielzeug für Babies ..., waren aufs ‚Dienen' vorbereitet, ehe wir als Pimpfe zwei- oder dreimal die Woche und oft auch noch am Sonntag zum ‚Dienst' befohlen wurden: ‚Du bist nichts, dein Volk ist alles!'

Wenn andere von der Pimpfenzeit schwärmen (als sei das Ganze nur ein Pfadfinderklub mit anderen Vorzeichen gewesen), so kann ich diese Begeisterung nicht teilen. Ich habe beklemmende Erinnerungen. In unserem Fähnlein bestanden die Jungvolk-Stunden fast nur aus ‚Ordnungsdienst', das heißt aus sturem militärischem Drill. Auch wenn Sport oder Schießen oder Singen auf dem Plan stand, gab es erst immer ‚Ordnungsdienst': endloses Exerzieren mit ‚Stillgestanden', ‚Rührt euch', ‚Links um', ‚Rechts um', ‚Ganze Abteilung-kehrt' – Kommandos, die ich noch heute im Schlaf beherrsche. Es ging zu wie ... auf dem Kasernenhof: Zwölfjährige Hordenführer brüllten zehnjährige Pimpfe zusammen und jagten sie kreuz und quer über Schulhöfe, Wiesen und Sturzäcker. Die kleinsten Aufsässigkeiten, die harmlosesten Mängel an der Uniform, die geringste Verspätung wurden sogleich mit Strafexerzieren geahndet – ohnmächtige Unterführer ließen ihre Wut an uns aus. Aber die Schikane hatte Methode: Uns wurde von Kindesbeinen an Härte und blinder Gehorsam eingedrillt.

Auf das Kommando ‚Hinlegen' hatten wir uns mit bloßen Knien in die Schlacke zu werfen; bei Liegestützen wurde uns die Nase in den Sand gedrückt; wer bei Dauerlauf außer Atem geriet, wurde als ‚Schlappschwanz' der Lächerlichkeit preisgegeben.

Wie haben wir das nur vier Jahre ertragen? Warum haben wir unsere Tränen verschluckt, unsere Schmerzen verbissen? Warum nie den Eltern und Lehrern geklagt, was uns da Schlimmes widerfuhr? Ich kann es mir nur so erklären: Wir alle waren vom Ehrgeiz gepackt, wollten durch vorbildliche Disziplin, durch Härte im Nehmen, durch zackiges Auftreten den Unterführern imponieren. Denn wer tüchtig war, wurde befördert, durfte sich mit Schnüren und Litzen schmücken, durfte selber kommandieren, und sei es auch nur für die fünf Minuten, in denen der ‚Führer' hinter den Büschen verschwunden war. Jugend muß durch Jugend geführt werden, lautete die Losung. In der Praxis hieß das: Wer oben ist, darf treten."

Harald Focke/Uwe Reimer, Alltag unterm Hakenkreuz, Reinbek 1979, S. 45f.

2. Schule und Unterricht

2.1. In der Schule verändert sich einiges

[15] Der „Deutsche Gruß" wird eingeführt

Eugen Oker (Jahrgang 1919) erinnert sich

„30. Juni 1933

Der Deutsche Gruß ist jetzt als offizieller Gruß überall eingeführt worden. Keiner kann sich davor drücken. In allen Ämtern ist es der befohlene Gruß. Natürlich auch in der Schule.

Es ging schlagartig von einem Tag auf den anderen. Anstatt ‚Guten Morgen' einfach ‚Heil Hitler', als ob es schon immer so gewesen wäre.

Neugierig waren wir nur auf den Reli-Huber …

Heute hatten wir Religion, und wir waren sehr gespannt, ob er ‚Heil Hitler' sagen würde.

Wir gingen ins Religionszimmer. Er kam. Wir standen auf. Er sagte: ‚Heil Hitler im Namen des Vaters und des Sohnes und des Heiligen Geistes, Amen', und schon beteten wir, wie immer zu Beginn der Religionsstunde, das Schulgebet.

Ich muß noch schildern, was er dabei macht: Er hebt zwar seine rechte Hand, aber nicht wie es Vorschrift ist, die flache Hand, sondern er streckt nur zwei Finger in die Höhe, den Zeige- und den Mittelfinger. Und eigentlich hebt er gar nicht richtig die Hand, sondern er hebt sie auf, um sofort das Kreuz zu machen. Das geht alles in einem Schwung. Und nach dem Gebet stimmte er an:

Maria zu lieben ist allzeit mein Sinn
In Freuden und Leiden ihr Diener ich bin.
Mein Herz, o Maria, brennt ewig zur Dir,
In Freuden und Leiden, o himmlische Zier.

Natürlich fielen wir sofort ein, ebenso wie in das Gebet.

Aber es war das erste Mal, daß der Reli-Huber ‚Maria zu lieben' im Unterricht singen ließ."

Eugen Oker, „… und ich der Fahnenträger." Eine wahre Satire, München 1980, S. 99f.

[16] Bericht eines Lehrers vom 9. November 1936

„Als in einer Obersekunda das Kruzifix vom Führerbild weg über die Tür gehängt worden war, ließ Studienrat A beim Betreten der Klasse ‚Rechts um' machen, so daß die Schüler, vom Führerbild abgewandt, zum Kruzifix hinsahen. Dann erst ließ er das übliche Gebet sprechen. Ein Kommentar dazu erübrigt sich."

Franz Josef Heyen, Nationalsozialismus im Alltag, Boppard am Rhein 1967, S. 240

[17] „Nationale Feierstunde" in einer Volksschule (1934)

[18] Klassenzimmer einer Berliner Volksschule aus dem Jahre 1934

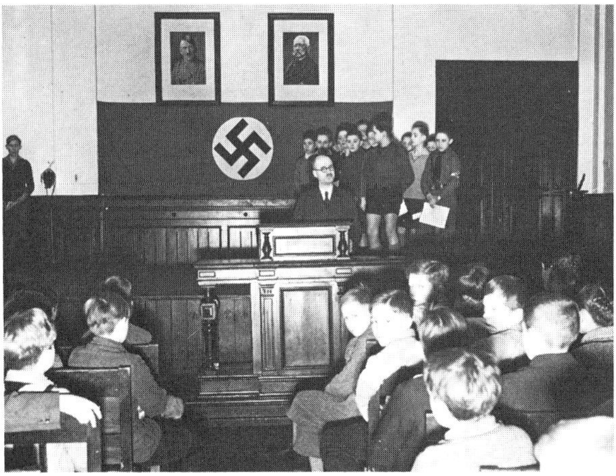

[19] Eltern wollen keine jüdischen Mitschüler ihrer Kinder

Eingabe der Elternschaft der Volksschule Binderstraße in Hamburg-Rotherbaum aus dem Jahre 1935[1]

„... In den verschiedenen Klassen obiger Schule befinden sich sehr viele jüdische Kinder. Wir bitten höflichst, diese Kinder den jüdischen Schulen zu überweisen, die sich ja in der nächsten Nähe befinden, wie z. B. Talmud-Thora-Schule[2]. Es ist doch wohl nicht ganz richtig, daß jüdische Kinder in deutschen Schulen unterrichtet werden. Unter Beobachtung der Satzungen unserer Partei und der von uns gesammelten Lebenserfahrungen handeln wir sicher im Sinne unseres Führers und Reichskanzlers.

Die Meinung des Hohen Senats in Betracht ziehend, denkt die Elternschaft, diese Eingabe als erste Schule in Deutschland mit Erfolg einreichen zu dürfen. Gründe sind ferner:

1. Die Gegenwart der Juden verletzt das germanische Empfinden.
2. Die unmittelbare Nähe der Talmud-Thora-Schule gestattet die (!) Juden, ihre Kinder dorthin zu schicken.
3. Es besteht die Ansicht, daß 40 Prozent Grundbesitz in Groß-Hamburg jüdisch ist. Dort findet sich Platz, daß Juden sich jüdische Schulen bauen.
4. Der Deutsche baut die Schulen und Schulheime, der Jude macht sich breit, oft sogar in unverschämter Weise.

Mit der Bitte um gründliche Prüfung der Angelegenheit und in der Hoffnung auf Erfolg zeichnen wir mit Deutschem Gruß
die Eltern von oben genannter Versammlung."

Harald Focke/Uwe Reimer, Alltag unterm Hakenkreuz, Reinbek 1979, S. 104

[20] Aus dem Bericht einer Lehrerin, 1934

„Am schwierigsten und folgenschwersten scheint mir, daß, haben wir Jüdinnen oder Juden in den Klassen, schon während der Schulzeit sich herzliche Freundschaft zwischen ihnen und unseren Kindern bilden, an denen jedenfalls die deutschen Kinder mit großer Treue hängen und dadurch für die Gefahren des Judentums blind bleiben."

Harald Focke/Uwe Reimer, Alltag unterm Hakenkreuz, Reinbek 1979, S. 100

---

(1) Nach dem 15. November 1938 war jüdischen Kindern der Besuch der öffentlichen Schulen verboten.

(2) Religionsschulen der jüdischen Gemeinden, benannt nach den beiden wichtigsten Glaubenstexten der jüdischen Religion

2.2. Lehrer passen sich an

[21] Ein entlassener Lehrer will zurück in den Schuldienst

Brief eines Hilfsschullehrers aus Celle an den Kultusminister in Bayern, Hans Schemm (1933)

„Hochverehrter Herr Staatsminister!

... Ich bitte darum, mich wieder in die Volksgemeinschaft einzuordnen, auf daß ich wieder an ihrem Werden tätigen Anteil nehmen kann. Ich bin Hilfsschullehrer und zum 1. Oktober des Jahres aufgrund des § 4 des Gesetzes zur Wiederherstellung des Berufsbeamtentums wegen meiner Zugehörigkeit zur SPD entlassen worden. Ich bin 42 Jahre alt, verheiratet und habe 3 Kinder zu versorgen. Meine Kollegen halten mich nicht für so belastet, daß diese harte Strafe mich treffen mußte. Und der Oberbürgermeister und auch die Kreisleitung der NSDAP haben sich dafür eingesetzt, daß man es mit einer Versetzung bewenden lassen solle. Ich bin nie Marxist gewesen, sondern habe immer für die Befreiung der Seele gekämpft. Daß ich dies tat, können bezeugen ...
Ich bin von Natur aus stets Gegner liberalistischer Denkweise gewesen. So habe ich mich mit Begeisterung schon am 2. August 1914 kriegsfreiwillig gemeldet. Erst durch längeres Bitten erhielt ich von der Regierung – ich war schon Lehrer – die Genehmigung dazu. Diese Meldung war für mich eine Selbstverständlichkeit. Den Umsturz machte ich nicht mit. Ich verließ die Truppe auch nicht, sondern blieb bei ihr, bis ich meine regelrechte Entlassung zum 31. Dezember 1918 erhielt ...
Aus der gleichen Liebe zu meinem Volke trat ich im April 1919 der SPD bei, um die Abwehrkräfte gegen die Spartakisten zu stärken, obwohl durch Erziehung und Vaterlandsliebe ein starker innerer Widerwille gegen die ‚Roten' bestand. Und wieder aus Liebe zum Volke bin ich nicht früher aus der SPD ausgetreten, obwohl seit dem Frühjahr 1931 die innere Notwendigkeit dazu für mich vorlag. Wenn ich den Brief mit der Austrittserklärung in der Tasche trug, kam ich mir immer als Verräter am gläubigen Volke vor. Ich schickte sie darum nicht ab. Am 4. März aber trat ich aus, da es mir innerlich unmöglich geworden war, in dieser entscheidungsvollen Stunde eine SPD-Liste zu wählen, was ich dem Vorstand schriftlich mitteilte ...
Die Ausführungen, die der Herr Ministerpräsident Göring ... machte, die Worte Baldur von Schirachs ... und die herrliche Mairede des Führers zeigten mir blitzartig, wo Volksgemeinschaft zur Selbstverständlichkeit geworden war, nachdem mich schon vorher die disziplinierte Übernahme der Staatsmacht und die instinktsicheren, aus der Seele des Volkes geborenen Maßnahmen in Bewunderung versetzt hatten.

Es ist also nicht Unehrlichkeit, wenn ich mich seit Mitte April offen zum Nationalsozialismus bekenne. Nur, wer nach dem Äußeren urteilt, wer nichts weiß von meiner Sorge um die Seele des Volkes, kann diese Behauptung wagen. Ich habe mir, wie mein Ortsgruppenleiter bezeugen kann, redlich Mühe gegeben, in den Arbeitsdienst[1] hineinzukommen, um die Echtheit meiner Gesinnung unter Beweis stellen zu können. Es ist mir bisher nicht gelungen. Bei der SA hat man meine Einstellung abgelehnt, obwohl sich 2 alte Nationalsozialisten, beides SA-Männer, für mich verbürgten. Daß man mich trotzdem nicht annahm, das war ein harter Schlag für mich!
Und so bitte ich Sie, verehrter Herr Staatsminister, herzlich: geben Sie mir wieder den Anschluß an die Volksgemeinschaft! Stellen Sie mich hinein in das tätige Leben meines Volkes ...

(Unterschrift) Heil Hitler!"

Wilfried Breyvogel/Thomas Lohmann, Schulalltag im Nationalsozialismus, in: Detlev Peukert/Jürgen Reulecke (Hrsg.), Die Reihen fast geschlossen, Wuppertal 1981, S. 207f.

[22] Lehrer schwenken um

Elsbeth Kötting (Jahrgang 1915) erinnert sich an ihren Studienrat.

„Auch an meiner Schule war eine ungeheure Angst vor Entlassung oder Versetzung. Vor 33 hatte Studienrat Heinrich eine Schülergruppe um sich versammelt, eine Art Diskutier- und Wandergruppe. Wir hatten im Schulhaus einen Raum für uns, den wir unser ‚Nest' nannten. Als 1933 die Gleichschaltung aller Organisationen unter die Verwaltung der NSDAP kam, wurden wir automatisch Mitglied im BDM. Ich trat aus. Studienrat Heinrich hatte bereits im Januar 33 Andeutungen bekommen, er solle sich vorsehen. Er hatte einmal im Geschichtsunterricht beim Thema Parteiprogramme auch das ‚Kommunistische Manifest' behandelt. Aus seiner steigenden Angst, nun eventuell Schwierigkeiten mit seinen Vorgesetzten zu kriegen, ist er vollkommen umgeschwenkt, von einem zum andern Tag ... ich dachte, das kann doch nicht wahr sein! Nun hatte er das so verändert, daß man dachte, er sei ein Nazi reinsten Wassers."

Jochen Köhler, Klettern in der Großstadt. Geschichten vom Überleben zwischen 1933–1945, Berlin 1981, S. 5

(1) Zunächst freiwillige, ab 1935 gesetzlich vorgeschriebene halbjährige Dienstpflicht für alle Jugendlichen über 18 Jahren

[23] Lehrer in nationalsozialistischen Organisationen

Ergebnisse einer Erhebung aus dem Jahre 1936

„Mitglieder des NSLB[1]: 97 Prozent der gesamten Erzieherschaft, davon 32 Prozent Parteigenossen und 700 Ehrenzeichenträger.
Die Erzieherschaft stellte der Bewegung: 7 Gauleiter und stellvertretende Gauleiter, 78 Kreisleiter, 2668 Ortsgruppen- und Stützpunktleiter; 62 Prozent aller männlichen Parteigenossen im NSLB waren politische Leiter. In den Gliederungen der Partei ... befanden sich 23 Prozent der männlichen Mitglieder und 52 der männlichen Parteigenossen, 1938 in Stellungen vom Sturmführer aufwärts."

Harald Focke/Uwe Reimer, Alltag unterm Hakenkreuz, Reinbek 1979, S. 81

[24] Lehrer, die Hitler haßten und ablehnten

Jörg Zink erinnert sich an Lehrer seiner Schule.

„An unserer Schule gab es eine ganze Reihe Lehrer, von denen wir Jungen genau wußten, daß sie Hitler haßten und ablehnten, und zu denen wir dennoch ein volles Vertrauensverhältnis hatten. Man darf ja nicht vergessen: Wir waren alle Mitglieder der Hitlerjugend, und normalerweise wurden Lehrer, die sich auf Dauer als Gegner Hitlers darboten, von den Schülern oder von den Eltern angezeigt und abserviert. Es war aber an unserer Schule undenkbar, daß eine Klasse einen solchen Lehrer angezeigt hätte, selbst wenn der Lehrer unpopulär war. Einer unserer Lehrer saß zeitweise im KZ und war nach seiner Rückkehr der gefeierte Liebling der Schülerschaft. Ein Jude in unserer Klasse, der auswandern mußte, hat damals zu einer wilden Diskussion in unserer Klasse über die Judenpolitik des Dritten Reiches geführt, und wir haben unserem Klassenkameraden damals unsere volle Freundschaft versichert, als er von uns Abschied nahm. Wir hatten Lehrer, die sich weigerten, das Wort ‚Heil Hitler!' zu Beginn der Stunde, das vorgeschrieben war, verständlich auszusprechen, und andere, die sich weigerten, den Arm dabei so zu erheben, wie es der Gruß verlangte. Wir waren, wie gesagt, in einer Ausnahmesituation. Dennoch war natürlich die vormilitärische Ausbildung ein Teil unseres Unterrichts und der in der Hitlerjugend betriebenen Ausbildung. Und wir selbst waren bei aller Kritik an der politischen Linie des Dritten Reichs dennoch zutiefst überzeugt, daß, wenn es zu einem Krieg komme, jeder ordentliche Mensch sich sofort freiwillig zur Front melden würde. Wir haben es auch getan."

Geert Platner und Schüler der Gerhart-Hauptmann-Schule in Kassel (Hrsg.), Schule im Dritten Reich – Erziehung zum Tod? Eine Dokumentation, München 1983, S. 92

(1) Nationalsozialistischer Lehrerbund

2.3. Neue Schwerpunkte im Unterricht

[25] Adolf Hitler setzt neue Schwerpunkte in der Erziehungsarbeit

a) „Das Heranzüchten kerngesunder Körper"

„Der völkische Staat hat in dieser Erkenntnis seine gesamte Erziehungsarbeit in erster Linie nicht auf das Einpumpen bloßen Wissens einzustellen, sondern auf das Heranzüchten kerngesunder Körper. Erst in zweiter Linie kommt dann die Ausbildung der geistigen Fähigkeiten. Hier aber wieder an der Spitze die Entwicklung des Charakters, besonders die Förderung der Willens- und Entschlußkraft, verbunden mit der Erziehung zur Verantwortungsfreudigkeit, und erst als letztes die wissenschaftliche Schulung."

Adolf Hitler, Mein Kampf, o. J., S. 452

b) „Eine gewalttätige, herrische, unerschrockene, grausame Jugend will ich"

„Meine Pädagogik ist hart. Das Schwache muß weggehämmert werden. In meinen Ordensburgen[1] wird eine Jugend heranwachsen, vor der sich die Welt erschrecken wird. Eine gewalttätige, herrische, unerschrockene, grausame Jugend will ich. Jugend muß das alles sein. Schmerzen muß sie ertragen. Es darf nichts Schwaches und Zärtliches an ihr sein. Das freie, herrliche Raubtier muß erst wieder aus ihren Augen blitzen. Stark und schön will ich meine Jugend. Ich werde sie in allen Leibesübungen ausbilden lassen. Ich will eine athletische Jugend. Das ist das Erste und Wichtigste. So merze ich die Tausende von Jahren der menschlichen Domestikation aus. So habe ich das reine, edle Material der Natur vor mir. So kann ich das Neue schaffen.
Ich will keine intellektuelle Erziehung. Mit Wissen verderbe ich mir die Jugend. Am liebsten ließe ich sie nur das lernen, was sie ihrem Spieltriebe folgend sich freiwillig aneignen. Aber Beherrschung müssen sie lernen. Sie sollen mir in den schwierigsten Proben die Todesfurcht besiegen lernen. Das ist die Stufe der heroischen Jugend. Aus ihr wächst die Stufe des freien, des Menschen, der Maß und Mitte der Welt ist, des schaffenden Menschen, des Gottmenschen. In meinen Ordensburgen wird der schöne, sich selbstgebietende Gottmensch als kultisches Bild stehen und die Jugend auf die kommende Stufe der männlichen Reife vorbereiten."

Hermann Rauschning, Gespräche mit Hitler, Zürich 1940, S. 237

---

(1) Seit 1936 wurden junge Männer zwischen 25 und 30 Jahren, die sich in der Parteiarbeit bewährt hatten, in drei neu errichteten Burgen in Pommern, Oberbayern und der Eifel zu Funktionären der NSDAP ausgebildet.

[26] „Turnen und Sport waren jetzt wichtig"

„Das Komische ist: Wir Dreizehnjährigen empfanden diesen Einbruch der Barbarei damals keineswegs als bedrückend. Im Gegenteil: Vieles wurde jetzt leichter. Der Lehrplan wurde einfacher. Wir brauchten nun nicht mehr zu Hause so unerbittlich lateinische Grammatik oder griechische Hexameter zu büffeln. Turnen und Sport waren jetzt wichtig. Die komplizierten Wurzeln unserer roten Logarithmentafeln sanken im Bildungspreis. Luthers Choräle verstummten; anheimelnde Volkslieder wurden geübt. Statt Mittelhochdeutsch mußten wir Gedichte von Agnes Miegel oder Hanns Johst aufsagen. Statt Seneca genügte es, mit wenigen Sätzen aus der ‚Germania' des Tacitus zu prunken, die die hohe Tugend, vor allem des germanischen Weibes, schon damals priesen. Später wurde uns sogar ein Schuljahr geschenkt: Die Unter- und Oberprima wurden zu einem Jahr vereint. Wie sollte uns Pennäler so etwas bedrücken?

Es war eine merkwürdige Zeit ... Die ‚völkische Erhebung' war ja vorwiegend ein musischer Rausch, der durch Deutschland lief. Alles erhob sich immer höher und höher. Man kann sich durchaus wenigstens den Beginn der Nazizeit als ein immerwährendes Turnfest mit sehr vielen Marschliedern vorstellen. ‚Unsere Fahne flattert uns voran! Unsere Fahne ist die neue Zeit!' So übel sang sich das nicht einmal, wenn wir zum Sport durch die Kolonie Grunewald marschierten. Keiner nahm die Worte ernst. Niemand glaubte daran, aber schön klang es schon, musikalisch ...

Der Alltag in dieser Schule [das Grunewald-Gymnasium in Berlin] ist unglaublich banal gewesen, für mich. Es mag hinzukommen, daß meine Klasse bis zu ihrem Abitur 39 nie vom Ungeist des Nazismus wirklich erfaßt wurde. Dazu waren die Söhne der großbürgerlichen Konservativen nun doch zu liberal. Es mag weiter hinzukommen, daß wir Lehrer von provozierendem Nazigeist nie hatten, außer Waldvogel, der uns aber nicht unterrichtete. Man meckerte manchmal, man rümpfte die Nase. Wir grinsten etwas höhnisch, wenn im Biologie-Unterricht Rassenkunde erteilt wurde. Wir gingen zu zweit oder zu dritt abends ins ‚Kabarett der Komiker', wo Werner Finck seine geistvoll-zersetzenden Witze riß. Ironie als Waffe: das gab es; mehr nicht.

Es muß auch gesagt sein: Viele Fächer liefen fast unverändert weiter. Physik und Chemie, aber auch Musik, Zeichnen, der Religionsunterricht wurde nicht anders als früher erteilt. In Geschichte sind wir nie über Bismarck hinausgekommen. Der Sport, das dauernde Turnen vergrämte mich. Ich entzog mich der ‚Leibesertüchtigung' durch ein ärztliches Attest. Man mogelte sich eben so durch, irgendwie. Ich bin nie in der HJ gewesen, gehörte nie einer Naziorganisation an. Auch das gab es."

Horst Krüger, Das Grunewald-Gymnasium, in: Marcel Reich-Ranicki (Hrsg.), Meine Schulzeit im Dritten Reich. Erinnerungen deutscher Schriftsteller, Köln 1982, S. 44ff.

[27]
Neues Spiel für Kriegsflieger: Bombenwerfen

Arbeitsgruppe Pädagogisches Museum (Hrsg.), Heil Hitler, Herr Lehrer. Volksschule 1933–1945, Reinbek 1983, S. 185

„Rundfunkverbrechen“.
Plakat von Max Spielmanns, 1944

[28] Rassenkunde – Nationalsozialistische Wunschvorstellungen

„Woran man die Juden erkennt

In der 7. Knabenklasse des Lehrers Birkmann geht es heute recht lebhaft zu. Der Lehrer erzählt von den Juden. Und das interessiert die Jungen ganz besonders. Lehrer Birkmann hat auf die Tafel Bilder von Juden gezeichnet. Die Buben sind begeistert. Selbst der faulste unter den Schülern, der ‚Schnarch-Emil', ist ganz bei der Sache und schläft nicht, wie dies in anderen Unterrichtsstunden so häufig der Fall ist. Herr Birkmann ist aber auch ein feiner Lehrer. Alle Kinder haben ihn gern. Am meisten aber freuen sie sich, wenn der Lehrer vom Juden erzählt. Und das kann Herr Birkmann meisterhaft. Er hat in seinem Leben die Juden genau kennengelernt. Und er versteht es, das alles so spannend zu schildern, daß die Buben am liebsten jeden Tag ‚Judenstunde' hätten. Lehrer Birkmann blickt auf die Uhr.
‚Es ist gleich zwölf Uhr', sagt er, ‚wir wollen nun zusammenfassen, was wir in dieser Stunde gelernt haben. Wovon haben wir gesprochen?'
Alle Kinder heben den Finger. Der Lehrer ruft Karl Scholz auf, einen kleinen Knirps in der ersten Bank. ‚Wir haben darüber gesprochen, woran man den Juden erkennt.'
‚Gut! Nun erzähle einmal darüber!'
Der kleine Karl greift nach dem Zeigestock, geht hinaus zur Tafel und deutet damit auf die Zeichnungen.
‚Den Juden kennt man meistens an seiner Nase. Die Judennase ist an ihrer Spitze gebogen. Sie sieht aus wie ein Sechser. Daher nennt man sie ‚Judensechser'. Gebogene Nasen haben auch viele Nichtjuden. Aber bei ihnen ist die Nase nicht unten, sondern weiter oben gebogen. So eine Nase heißt man Hakennase oder Adlernase. Sie hat mit der Judennase nichts zu tun.'
‚Recht so!' sagt der Lehrer. ‚Aber man kennt den Juden nicht nur an seiner Nase ...'
Der Knabe erzählt weiter. ‚Man kennt den Juden auch an den Lippen. Seine Lippen sind meistens wulstig. Oft hängt die Unterlippe etwas herab. Dazu sagt man ‚Schläppern'. Und an den Augen erkennt man den Juden auch. Seine Augenlider sind meistens dicker und fleischiger als die unseren. Der Blick des Juden ist lauernd und stechend. Man sieht ihm schon an seinen Augen an, daß er ein falscher, verlogener Mensch ist.' ...

‚So ist es recht, Kinder! Ihr habt sehr gut aufgepaßt! Und wenn ihr auch im Leben draußen gut aufpaßt und die Augen offen haltet, dann werdet ihr nicht vom Juden getäuscht werden.'
Dann geht der Lehrer zum Pult und wendet die Tafel um. Auf der Rückseite ist ein Spruch geschrieben. Die Kinder lesen ihn laut vor:

Aus eines Juden Angesicht
Der böse Teufel zu uns spricht,
Der Teufel, der in jedem Land
Als üble Plage ist bekannt.

Wenn wir vom Juden frei sein sollen
Und wieder glücklich, froh sein wollen,
Dann muß die Jugend mit uns ringen,
Den Judenteufel zu bezwingen."

Ernst Hiemer, Der Giftpilz, Nürnberg 1938

[29] Mathematische Operationen mit Geisteskranken

Rechenaufgabe aus einem Lehrerhandbuch (1935)

„Ein Geisteskranker kostet täglich etwa 4 RM, ein Krüppel 5,50 RM, ein Verbrecher 3,50 RM. In vielen Fällen hat ein Beamter täglich nur etwa 4 RM, ein Angestellter kaum 3,50 RM, ein ungelernter Arbeiter noch keine 2 RM auf den Kopf der Familie.

(a) Stelle diese Zahlen bildlich dar. – Nach vorsichtigen Schätzungen sind in Deutschland 300 000 Geisteskranke, Epileptiker usw. in Anstaltspflege.
(b) Was kosten diese jährlich insgesamt bei einem Satz von 4 RM?
(c) Wieviel Ehestandsdarlehen zu je 1000 RM könnten – unter Verzicht auf spätere Rückzahlungen – von diesem Geld jährlich ausgegeben werden?"

Alexander Dorner, Nationalsozialistische Aufbauarbeit im Lichte der Mathematik, in: Alexander Dorner (Hrsg.), Mathematik im Dienste der nationalpolitischen Erziehung mit Anwendungsbeispielen aus Volkswissenschaft, Geländekunde und Naturwissenschaft, Frankfurt am Main 1935, S. 41

[30] Grammatikunterricht

Übungsaufgabe zur Vorsilbe „un"

„Wenn das deutsche Volk einig bleibt, so ist es unbesiegbar, unüberwindlich, unbezwingbar, unwiderstehlich, unübertrefflich, unangreifbar, unerschütterlich, unerschöpflich, unverwüstlich, unvergänglich."

Erika Mann, Zehn Millionen Kinder, Amsterdam 1938, S. 84

3. Jugendopposition

3.1. Alte Jugendgruppen wirken trotz Verbot weiter

[31] Aktivitäten der kommunistischen Jugend in Hannover nach 1933

„Der Polizeipräsident in Hannover

Eingangs- und Bearbeitungsvermerk

An den
Herrn Regierungspräsidenten
hier
Geschäftszeichen und Tag meines Schreibens: I.41^{05}a/42. 30.6.33
Betrifft: Stand der kommunistischen Bewegung.
Bezug: Verfügung v. 1.6.33 – I.C.1359 P.– ...

Die Aktivität der KPD hat im Berichtsmonat auf allen Gebieten erheblich zugenommen. Trotz der systematischen Bekämpfung durch alle Behörden und nationalen Parteiinstanzen ist es der Partei nicht allein gelungen, erhebliche Mengen Agitationsmaterial zu verbreiten, sondern auch kleinere Versammlungen pp. durchzuführen ... Die Taktik des Vorgehens der Partei, um an die Massen heranzukommen, wird fast wöchentlich geändert. Selten kommt es vor, daß eine Methode zweimal angewandt wird ... Eine besondere Aktivität entwickelt die Kommunistische Jugend ... Die KJ hat vor allem Erfolge in der Gewinnung von Mitgliedern der SAJ zu verzeichnen. So ist es ihr gelungen, in einigen Fällen ganze Gruppen der SAJ zu sich herüberzuziehen. Von besonderem Interesse sind die Anweisungen der KJ über die illegalen Arbeitsmethoden. Unter der Überschrift „Nützt alle legalen Möglichkeiten der Arbeit aus", heißt es in den Anweisungen „Neue Wege der Technik" u. a.:

‚Welche Formen legaler Organisation sind möglich?
Wandervereine, Kulturklubs, Organisation zur Erhaltung und Förderung der Gesundheit und zur körperlichen Ertüchtigung der Jungerwerbslosen, Interessengemeinschaften der Jungerwerbslosen, Verein zum Studium und zur Förderung der Radiotechnik usw. Wie schaffen wir die Vereine?
Wir fassen an den Tagesheimen, an den Stempelstellen, an den Zahlstellen im Wohngebiet, in den Lagern des freiwilligen Arbeitsdienstes uns bekannte kommunistische und sympathisierende, sozialdemokratische Jungerwerbslose zusammen. Wir besprechen mit ihnen ihren Bekannten- und Freundeskreis unter den Jungerwerbslosen. Wir beauftragen sie, diesen zu erweitern, bzw. sich einen solchen zu schaffen. Wir nehmen die erstmalige Zusammenfassung in Stubenversammlungen, auf Plätzen und in Parks vor. In den Frühlings-, Sommer- und Herbstmonaten legen wir den größten Wert auf Fahrten, Radtouren und Treffen der Jungerwerbslosen ... Wir organisieren gemein-

same Besichtigungen, gemeinsamen Kinobesuch zu ermäßigten Preisen oder umsonst durch Herantreten an die Kinobesitzer, an Jugendämter usw. – Das sind einige Wege, die es ermöglichen, in den verschiedenen Gebieten, zu den verschiedensten Organisationen zu kommen.

2. In den Berufsschulen

Hier können zum Teil die gleichen Maßnahmen angewandt werden ... Hier kommen z. B. noch in Frage: Berufsschülerverein zur Förderung der allgemeinen Berufs- u. Geistesbildung. Berufsschülerverein zur Pflege der Geselligkeit und Kameradschaftlichkeit ... Man kann den Vorschlag machen, einen Radiosachverständigen zu einem technischen Vortrag evtl. außerhalb der Schulzeit zu holen und in dieser Verbindung zunächst in losen Formen regelmäßigere Zusammenkünfte vorschlagen, die schließlich festere organisatorische Formen annehmen ...

3. In den Betrieben

Hier bestehen die Möglichkeit ebenfalls, auf ähnlichen Wegen zu Vereinen wie Lehrlingsverein, Jugendwanderverein, Jugendfußballmannschaft des Betriebes XY zu kommen ...

4. Bei den Schulentlassenen

Hier besteht die Möglichkeit, ebenfalls die verschiedensten Vereine der ehemaligen Schüler der Schule X Klasse zu bilden ...

5. Im Wohngebiet

Knüpfen wir an die vielfach lose bestehenden „wilden" Vereine, Kino-, Wander-, Fußballklicken, an die Bekanntschaften unserer Genossen an.

Tätigkeit der Organisation

Es ist notwendig, daß besonders im Anfang und nach außenhin überhaupt die Neutralität streng gewahrt, d. h. die Tätigkeit tatsächlich auf dem dem Namen der Organisation entsprechenden kulturellen oder sonstigen Gebiet liegt. Aufgabe der Führung der Organisation und der Fraktion der Jungkommunisten ist es, zunächst die besten Elemente, vor allem auch die sozialdemokratischen Jungarbeiter (auf deren Erfassung wir den größten Wert legen) in besonderen Gruppen und Zirkeln zusammenzufassen und marxistisch zu schulen, ihnen schließlich den Zweck der Organisation klar zu machen, sie selbst zur revolutionären Agitation unter den übrigen Mitgliedern zu befähigen, sie zu Aktionen heranzuziehen und so Schritt für Schritt an den KJV heranzuführen ...

Überall, bei den Erwerbslosen, an Berufsschulen, in Betrieben, Arbeitsdienstlagern und wo es sonst sei, besteht unsere Hauptaufgabe ... in der wirtschaftlichen Interessenvertretung der Jungarbeiter. Delegationen der Erwerbslosen auf die Rathäuser, zu den Nazibürgermeistern mit der Forderung Unterstützung für alle Jungerwerbslosen, in den Betrieben Forderungen nach sozialen Zulagen, Beseitigung von Mißständen usw. Urlaub, Tariflohn und besseres Essen in den Arbeitsdienstlägern, das sind die Angelpunkte unserer Tätigkeit.

Legale Massenorganisationen für uns ausnützen, das heißt: Die Jungarbeiter in ihnen zu revolutionieren, ihnen Vertrauen zu den Jungkommunisten zu geben und dadurch sie über kleine Kämpfe um Tagesinteressen an große und größte Kämpfe, an den Endkampf um die Macht heranzuführen ...'

Wie weit die hier bezeichneten Methoden bisher angewandt wurden, hat sich nicht ermitteln lassen.

Der Herr Oberpräsident hat Abschrift dieses Berichtes erhalten.

[Unterschrift]"

Niedersächsisches Hauptstaatsarchiv Hannover, Hann. 180 Hann. II Nr. 725

[32] Aktivitäten der 1933 verbotenen SAJ im Jahre 1935

Faksimile eines für den SD- und Gestapo-Chef Heydrich bestimmten Berichts aus dem Sicherheitshauptamt der SS

101

15 001

J/III/A/ 2929/35

Eingangsstempel nächste Seite!

nicht rot unterstreichen !!

An 1.

33710/35 19/ 1935

W. vorl. 25.9.

den 12 SEP. 1935

Betr.: Sozialistische Arbeiterjugend (S.A.J.)
Vorg.: Dort. J/III/22119/35 vom 27. Juni 1935.
Anlg.: 2.

Vorg. bei[gef].

Zu dem obigen Vorgang wird als bisheriges Ergebnis der angestellten Ermittlungen aus dem Dienstbereich von 15 001 nachstehendes gemeldet:

Flensburg : 2x
Die ehemalige S.A.J. in Flensburg pflegt nach Meldungen der dortigen Stapo weiteren Zusammenhang, der bisher nicht zu verhindern war. Sie tritt meistens nie geschlossen auf und war trotz dauernder Beobachtung bisher nicht zu fassen. Die Dinge liegen hier so, daß im Sommer das ganze dänische Ufer der Förde bis zu den Ochsen-Inseln hin ein einziges Zeltlager von roten Elementen ist. Durch geeignete Verbindungen wird hier seitens der zuständigen Stapostelle laufend beobachtet.

z. d. A. J/III/ 41

11. Okt. 1935
Erledigt Z ...

Rendsburg : 3x
Der frühere Ortsgruppenführer der S.A.J. , S c h n e i d e r , ist heute SA-Sturmmann, und hat noch immer Verbindung mit den früheren Mitgliedern der S.A.J. Man hält Sch., der durch seine Gerissenheit bekannt ist, für nicht ungefährlich.

Niebüll : 2x
Hier wurde bei einer Jugend-Wandergruppe ein besonderes Erkennungszeichen in Form einer schießschnurähnlichen geschnürten Kordel, an deren Ende

3/III/ 18 - 2 -

sich eine rote und gelbe Quaste befindet, in den Taschen einiger Jugendwanderer gefunden. Ferner wird eine kleine Anstecknadel in Form der Siegrune, jedoch an der Spitze mit Pfeilen versehen, an der Innenseite des Rockes getragen.

Bramfeld : 4X

Nach den hier getroffenen Feststellungen betätigen sich Mitglieder der früheren Sozialistischen Arbeiterjugend in versteckter Form weiter und zwar als Laienspieler. Die im Einvernehmen mit der Stapostelle vorgenommene Überholung einer Zusammenkunft hat folgendes ergeben:

Der Führer dieser Gruppe ist ein gewisser Erich Oskar X G i e s e l e r , geb. am 28.3.1905 zu Berlin, wohnhaft in Bramfeld, Anderheitsallee 57, und eine Eva X O h m s , geb. Wilhelm, geb. am 2.1.1904 zu Kiel, wohnhaft in Hamburg, Bürgerweide 34. Beide gaben bei der Vernehmung an, bis Februar 1933 Mitglieder des "Vereins der Kinderfreunde" gewesen zu sein. Sie haben sich nachdem zu einer Arbeitsgemeinschaft für Laienspiele der NS-Gemeinschaft "Kraft durch Freude" - "Gruppe Isele" Hamburg, Lübeckerstr. 3, zusammengeschlossen. Die Gruppe selbst besteht aus ca. 30 - 35 Personen im Alter von 15 - 20 Jahren.

In der Anlage werden hierzu eine Zeitungsnotiz mit der Kritik einer Aufführung und die Abschrift einer Bescheinigung überreicht.

SD/RFSS B. Nr. 33750		3 - SEP. 1935		Anl.	C
Abt.			J III		
an:	6/9		9/9	4/10	z. d. A.
ab:		19. SEP. 1935		10. OKT. 193[illegible]	7/III/41

Heinz Boberach, *Jugend unter Hitler*, Düsseldorf 1982, S. 150

[33] Katholische Jugendgruppen nach 1933

Aus einem Erlebnisbericht

„Von dem Verbot der Jugendgruppen bzw. ihrer Überführung in die HJ blieben in unserem Raum (Wetzlar) Ende 1933 nur die katholischen Jugendgruppen verschont. Der Abschluß des Konkordats[1] gab unseren Gruppen in jener Zeit eine gewisse Stütze. Aufforderungen zum Übertritt in die HJ wurden daher nur von wenigen befolgt; dafür traten Mitglieder anderer aufgelöster Jugendbünde unseren katholischen Jugendgruppen bei. Da das formelle Verbot katholischer Jugendgruppen den Machthabern zunächst nicht opportun schien, setzte – wie überall – so auch in W. allmählich sich steigernder Terror ein ... Das Gruppenleben wurde hierdurch nicht beeinträchtigt, sondern eher gefördert. In den vorangegangenen Jahrzehnten hatte ein guter Teil unserer katholischen Jugend nur die alten Lebensformen eines ‚Vereins' gekannt. Die nun neu hinzukommenen Mitglieder früherer bündischer Jugendgruppen und der äußere Terror, der zeitweise jede Zusammenkunft zu einem aufregenden und spannenden – wenn auch nicht ungefährlichen – Abenteuer machte, bewirkten eine außerordentliche Verlebendigung und Vertiefung des Gruppenlebens ...
Trotz äußerer Bedrängnis hatten wir regelmäßig Heimabende, Fahrten und Lager. Ab Anfang 1934 wurden äußere Demonstrationen unmöglich, dafür waren aber die kirchlichen Veranstaltungen der Jugend weit beachtete und von den Machthabern argwöhnisch bespitzelte Bekenntnisse ...
Selbstverständlich war zumal den jüngeren Mitgliedern unserer Gruppen seiner Zeit eine letzte Einsicht in das diabolische und antihumane Wesen des NS nicht möglich. Es war keine große Opposition, die das Vaterland vom Tyrannen hätte befreien können. Aber man wollte das eigene Recht und die Freiheit, auch die der Religion, und man hatte – trotz mancher Ängste – einen jungenhaften Spaß an unserem eigenständigen und abenteuerlichen Gruppenleben. Damals kam jene Umdichtung in unsere Gruppen: ‚Wir traben in die Weite/ das Fähnlein hängt im Spind/ Viel Tausend uns zur Seite/ die auch verboten sind ...' Selbst die Machtmittel des Staates konnten den Wunsch nach eigener Lebensform nicht unterbinden. Vernehmungen mit Protokollen auf der Polizei waren für uns etwas Alltägliches. Zumeist bezogen sie sich auf verbotene ‚Demonstrationen', in verbotener Kluft, mit verbotenen Bannern oder Wimpeln. Mitwirkende Jugendliche mußten sich häufig solchen Prozeduren unterziehen, die wohl abschreckenden Charakter haben sollten."

Arno Klönne, Jugend im Dritten Reich, Düsseldorf/Köln 1982, S. 195 ff.

---

(1) Vertrag zwischen dem Heiligen Stuhl (Vatikan) und dem Deutschen Reich vom 20. Juli 1933, durch den die katholischen Verbände grundsätzlich geschützt wurden.

3.2. Die „wilden" Cliquen: Meuten, Swing und Edelweißpiraten

[34] Die Leipziger Meuten

Aus dem Urteil des Oberlandesgerichts Dresden vom Januar 1940

„Für das Land Sachsen war durch die Verordnung vom 31. März 1937 die ‚Bündische Jugend' (BJ) verboten worden. Noch in demselben Jahre machten sich in Leipzig Gruppen von Jugendlichen bemerkbar, welche die verbotene BJ insofern nachahmten, als sie sich mehr oder weniger nach ihrem Vorbild einheitlich kleideten, so daß schon an der äußeren Aufmachung eine gewisse Zusammengehörigkeit erkennbar war. Die vollständige Tracht bestand bei den Burschen im Sommer aus einer kurzen Lederhose, einem buntkarierten Skihemd, einem Koppel und Lederhosenträgern, im Winter aus einer langen blauen Skihose und einer Slalombluse. Dazu wurden Bundschuhe und weiße Kniestrümpfe getragen. Unter diesen Jugendlichen befanden sich auch Mädchen. Ihre Tracht war bis auf den dunklen Rock, den sie statt der Lederhose trugen, derjenigen der Burschen ähnlich. Besonders beliebt waren bei Burschen und Mädchen rote Halstücher. An ihrem ‚Geschirr' erkannten sich die Mitglieder dieser Jugendgruppen, für welche mit der Zeit der Name ‚Meute' in Aufnahme kam. In Leipzig bildete sich eine ganze Anzahl solcher Meuten. Manche von ihnen hatten zahlreiche Mitglieder. Der Zeuge W. beziffert die Zahl der Jugendlichen, die zu diesen Meuten in irgendwelcher Verbindung standen, auf 1500. Die einzelne Meute trat nicht als eine fest geschlossene Einheit unter von ihr gewählten Namen auf, vielmehr waren es mehr oder weniger lose Vereinigungen, deren Mitglieder nach den Örtlichkeiten, an denen sie sich vorzugsweise zu treffen pflegten, unterschieden wurden.

... Zunächst war man geneigt, die Meuten als Auswüchse großstädtischen Rowdytums zu behandeln. Dann glaubte man, in ihnen wegen ihrer Tracht eine Fortsetzung der verbotenen BJ sehen zu müssen. Schließlich stellte es sich heraus, daß den Meuten eine erhebliche innerpolitische Bedeutung beizumessen ist. Sie entwickelten sich – mindestens gilt es von einem Teil der Meuten – zu einem gefährlichen Gegenspieler der HJ und des BDM als der Staatsjugend. Gerade die bewußte Ablehnung der Staatsjugend war für viele Meutenangehörige der Anreiz, sich einer Meute zuzugesellen. In dem Bewußtsein des gemeinsamen Kampfes, den man gegen die Staatsjugend zu führen gedachte, fühlte man sich zueinander hingezogen ... Besonders die Disziplin in den nationalsozialistischen Organisationen war ihnen verhaßt. Es ist bekannt geworden, daß sie ein ungezwungenes und liederliches Leben, besonders auch in geschlechtlicher Hinsicht, führten. ... Für die Meuten kennzeichnend wurde die Erfahrung, daß sie sich gerade in den Stadtteilen

Leipzigs zusammenfanden, die zur Systemzeit[1] als Hochburgen der marxistischen Parteien gegolten hatten. Die Wirtschaften, die sie besuchten, waren dieselben, in denen sich früher die kommunistische Jugend versammelt hatte. Einzelne der Meutenangehörigen kamen zu diesen aus den Kreisen des KJVD und der kommunistischen Jungpioniere. Sie pflegten die Tradition jener staatsfeindlichen Jugendgruppen. Den Neulingen erzählten sie von den Fahrten, die sie früher gemacht hatten und dem Lagerleben und organisierten weitere Fahrten, bei denen durch das gemeinsame Absingen marxistischer Lieder die Stimmung im marxistischen Sinne beeinflußt werden sollte. Man vermied den Deutschen Gruß und ersetzte ihn durch den Gruß der Roten Jungpioniere ‚Seid bereit – immer bereit', den man in einer verstümmelten russischen Übersetzung – bud cadoff – gebrauchte. Man wußte, wo und wann man sich traf, ohne daß es einer besonderen Verabredung bedurfte."

Arno Klönne, Jugend im Dritten Reich, Düsseldorf/Köln 1982, S. 228 ff.

[35] Die Hamburger „Swing-Jugend"

Aus einer Denkschrift der Reichsjugendführung vom September 1942

„Um die Jahreswende 1939/40 gründete die Flottbecker Clique eine eigene Amateur-Tanzkapelle und veranstaltete mehrere geschlossene Tanzfeste, zu denen Klassen höherer Schüler und Mitglieder der besten Hamburger Sportclubs geladen waren. Das erste dieser Tanzfeste im Februar 1940 wurde von 500 bis 600 Jugendlichen besucht, brachte bereits einen hemmungslosen Swing-Betrieb und war wochenlang Gesprächsstoff unter der Hamburger Jugend ... Zum Tanz wurde nur englische und amerikanische Musik gespielt. Es wurde nur Swing getanzt und gehottet ... Die Teilnehmer begleiteten die Tänze und Songs ausnahmslos durch Mitsingen der englischen Texte, wie auch überhaupt während des Abends versucht wurde, fast nur englisch und an einigen Tischen sogar französisch zu sprechen. Der Anblick der Tanzenden war verheerend. Kein Paar tanzte normal, es wurde in übelster Weise geswingt ... Als die Kapelle einmal einen Rumba spielte, gerieten die Tanzenden in wilde Ekstase, alles sprang wild umher und lallte den englischen Refrain mit. Die Kapelle spielte immer wildere Sachen. Kein Mitglied der Kapelle saß mehr, sondern jeder ‚hottete' wie wild auf dem Podium herum ...

Ein späteres Tanzfest wurde polizeilich geschlossen; daraufhin verzichteten die Cliquen auf Großveranstaltungen und trafen sich künftig in kleineren Kreisen, bei Heimfesten usw. Jetzt begann erst der eigentliche Cliquen-Betrieb. Man besuchte in Gruppen zu 20 oder 30 Jugendlichen kleine Barlo-

(1) Nationalsozialistische Bezeichnung für die Zeit der Weimarer Republik

kale, in denen nach englischer Musik getanzt wurde, ... traf sich zu gemeinsamen Unternehmungen, besuchte eine bestimmte Badeanstalt, traf sich zu gemeinsamen Ausflügen und Fahrten. Überall erregten die Cliquen-Angehörigen durch auffälliges Benehmen, Kleidung, mitgebrachte Koffergrammophone mit englischen Schallplatten und durch ihren betont englischen Tanzstil Aufsehen und Verärgerung. Daraufhin wurde im Oktober 1940 eine sicherheitspolizeiliche Aktion gegen die Mitglieder der ‚Swing-Jugend' durchgeführt, in deren Verlauf 63 Jugendliche festgenommen wurden ... Die männlichen Mitglieder wurden legitimiert durch ihre langen, oft bis zum Rockkragen reichenden Haare (Haarlänge bis zu 27 cm). Vorwiegend trug man lange, häufig karierte englische Sakkos, Schuhe mit dicken, hellen Kreppsohlen, auffallende Shawls, auf dem Kopf einen Unger-Diplomaten-Hut, über dem Arm bei jedem Wetter einen Regenschirm und als Abzeichen im Knopfloch einen Frackhemdknopf mit farbigem Stein. Auch die Mädchen bevorzugten eine lange, herabwallende Haartracht. Die Augenbrauen wurden nachgezogen, die Lippen gefärbt und die Fingernägel lackiert ... Bezeichnend für das Wesen der Swing-Jugend ist auch ihre Ausdrucksweise. Man redet sich untereinander an mit ‚Swing-Boy', ‚Swing-Girl' oder ‚Old-hit-Boy'. Man beendet Briefe mit ‚Swing-Heil'. Das Schlagwort ist ‚lottern'."

Detlev Peukert, Die Edelweißpiraten. Protestverhalten jugendlicher Arbeiter im Dritten Reich, Köln 1980, S. 201ff.

[36] Ein Kölner Edelweißpirat erinnert sich

„Ich wurde im April 29 in Köln geboren. Die ersten drei Jahre meines Lebens verbrachte ich bei meinen Eltern. Mein Vater war Kellner und bekam nach dem Machtantritt Hitlers keine Arbeit mehr, da er als Kommunist bekannt war und die Gaststättenbesitzer Angst vor Repressalien der SA hatten ...
Seit Kriegsbeginn bin ich nicht mehr in die Eifel gefahren, sondern zu Hause geblieben bei meinen Großeltern ...
Meine Großmutter erzog mich katholisch, weil sie religiös war ...
Die Volksschule beendete ich 1943 und begann dann eine Lehre beim Reichsbahnausbesserungswerk. Schon vorher aber hatte ich des öfteren Gelegenheit, aus der Distanz Zusammenkünfte von Jungen und Mädchen im Alter zwischen 15 und 18 Jahren zu beobachten, die weiße Kniestrümpfe, halblange Hosen und weiße Windjacken trugen. Sie schmückten sich mit dem Emblem Edelweiß. Es war eine Kontragruppe zur Hitlerjugend (HJ) und meine politische Vorbelastung durch meinen Vater brachte es mit sich, daß ich schnell mit ihnen sympathisierte und mich mit etwa 14 Jahren einer solchen Gruppe in Sülz anschloß. Ähnliche Gruppen gab es in der Nippesser

Schweiz, in Ehrenfeld am Takuplatz, im Volksgarten, in Kalk und Mülheim.[1]

Wir gingen samstags/sonntags ‚auf Fahrt', wie wir das nannten. Das war in den Jahren 1942/43. Unser Ziel war meistens Oberkassel bei Königswinter. Da sind drei Seen, die durch Steinbrüche enstanden sind, der Blaue See, der Silbersee und der Märchensee. Es sind da auch Höhlen und Stollen und da traf man sich mit Gitarren und Mandolinen, sang abenteuerliche Lieder, aber keine HJ-Lieder. Die Leute kamen aus Essen, aus Düsseldorf, aus Köln und machten Lagerfeuer ...

Ich erinnere mich, als wir einmal den Drachenfels bestiegen, kam es zwischen zwei Gruppen untereinander zu einer Fehde. Es gab eine Prügelei. Darauf erschien die Hitler-Jugend und wir waren untereinander sofort wieder ein Herz und eine Seele. Wir prügelten uns umgehend recht munter mit diesen. Leider endeten diese Prügeleien meist mit zerbrochenen Musikinstrumenten, aber immer mit einer siegreichen Niederlage der Edelweißpiraten, denn wenn unsere ‚schlägerische Übermacht', wenn ich es mal so bezeichnen darf, zu groß wurde, kam gewöhnlich Polizei oder SS, und wir mußten fliehen. Manchmal warteten zu Hause SS-Beamte auf uns, um uns festzunehmen und zu verhören.

Man mag heute darüber lächeln, wir jungen Menschen waren uns einig in dem Protest gegen das Hitlerregime, wir waren uns einig darüber, daß das Regime verkehrt war, daß der Krieg unnütz war. Gleichzeitig war es aber so, daß eine große Portion Abenteuerlust dabei war, wie es bei jungen Menschen in den Altersgruppen 14/15/16 Jahre nun einmal üblich ist. Wir bauten uns Waffen mit Schwarzpulver und Steinschleudern, um eventuell in das Kriegsgeschehen eingreifen zu können und ließen uns nicht abschrecken, auch wenn die Gefahr der Inhaftierung durch die Nazis ständig bestand.

Wenn man die Jugendgruppen der Edelweißpiraten betrachtet, dann weiß man nicht, wo der Anfang dieser Bewegung war. Ich habe mir viele Gedanken darüber gemacht und bin zu dem Resultat gekommen, daß die Edelweißpiraten Überbleibsel aus früheren Jugendgruppen, Jungenschaften usw. waren ... Somit ergab es sich, daß man die Edelweißpiraten nicht als eine Organisation bezeichnen kann. Es waren Gruppen von Jungen und Mädchen, die sich spontan zusammenfanden, die sich gegenseitig besuchten, gemeinsame Lieder sangen, die sich auch einig in ihrer Auffassung waren, auch hin und wieder politische Gespräche führten."

Dirk Gerhard, Antifaschisten, Berlin 1976, S. 146

(1) Stadtteile und Vororte von Köln

[37] Lied der Edelweißpiraten

„In Junkers' Kneipe bei Wein und Pfeife
da saßen wir besammen.
Ein guter Tropfen von Malz und Hopfen
der Teufel führt uns an.
Hei, wo die Burschen singen
und die Klampfen klingen,
und die Mädel fallen ein.
Was kann das Leben Hitlers uns geben,
wir wollen frei von Hitler sein."

Detlef Peukert, Edelweißpiraten, Meuten, Swing. Jugendsubkulturen im Dritten Reich, in: Gerhard Huck (Hrsg.), Sozialgeschichte der Freizeit, Wuppertal 1980, S. 312f.

[38] Flugblatt einer Wuppertaler Gruppe der Edelweißpiraten

Detlef Peukert, Die Edelweißpiraten, Protestbewegungen jugendlicher Arbeiter im Dritten Reich, Köln 1980, S. 80

4. Verfolgung und Ermordung

4.1. „Arische“ Jugendliche werden überwacht, bestraft, eingesperrt und hingerichtet

[39] Überwachung eines jungen Katholiken

Aus einer Geheiminformation der Gestapo-Polizeistelle Würzburg an die Leitung des RAD-Lagers Jüterboog vom 15. Januar 1937

„N.N. gehört dem (katholischen Jugendbund) ‚Neudeutschland‘ an und ist ein durchaus staatsabträgliches Element, das vielleicht auch im Arbeitsdienstlager versuchen wird, für die katholische Aktion und für die Ziele Roms zu arbeiten. Er ist z. Zt. daran, einen Rundbrief auszuarbeiten. Ich bitte deshalb, seine Post genauestens zu kontrollieren und Abschriften der an ihn gelangenden Briefe hierher zu senden ... Weiter ersuche ich, vertraulich feststellen zu lassen, wohin sich N. N. nach seiner Entlassung aus dem RAD-Lager begibt und wo er Aufenthalt nehmen will. Er darf unter keinen Umständen von seiner Überwachung erfahren.“

Arno Klönne, Jugend im Dritten Reich, Düsseldorf/Köln 1982, S. 261

[40] Anklage gegen eine Schüler- und Studentengruppe

Aus der Anklageschrift von 1944

„Die Angeschuldigten haben etwa von 1936 an bis zu ihrer Festnahme auf Leseabenden und in zahlreichen Gesprächen und sonstigerweise ein mit der nationalsozialistischen Weltanschauung nicht zu vereinbarendes Gedankengut bewußt gepflegt, eine innenpolitische Umwälzung im Reich erörtert und dann während des Krieges das Vertrauen zur Führung und den deutschen Widerstandswillen zersetzt sowie dem Feind genützt. ... Sämtliche Angeschuldigten haben ferner die Nachrichten feindlicher Auslandssender abgehört und verbreitet. ... Auf den Leseabenden wurden verbotene oder unerwünschte Werke aus Schrifttum und bildender Kunst behandelt. Dabei wurden auch politische Fragen in einer den nationalsozialistischen Staat scharf ablehnenden Weise erörtert und offen darüber gesprochen, wie der Nationalsozialismus besiegt werden könne. ... Von den Angeschuldigten ... wurde zum Ausdruck gebracht, daß die gegenwärtigen politischen Verhältnisse geändert und dem Einzelnen möglichst viel persönliche Freiheit, insbesondere die Meinungsfreiheit, gegeben werden müsse.“

Arno Klönne, Jugend im Dritten Reich, Düsseldorf/Köln 1982, S. 270f.

[41] Strafbefehl gegen einen evangelischen Jugendleiter (Faksimile)

~~Abschrift.~~

An das

Amtsgericht

Esslingen /N.

~~[illegible]~~

Amtsgericht Esslingen /N.

Beschluß vom

Dem Antrag der Staatsanwaltschaft entsprechend wird der nachstehende Strafbefehl hiermit erlassen:

Geschäftsnummer:
(bei allen Eingaben anzugeben)

Cs

Blatt

I.15. Js № 319/41.

Stuttgart-O., den 2o.Oktober 1941.

Amtsgericht
Eing. 2 3 OKT. 1941

Antrag.

Ich beantrage, den nachstehenden Strafbefehl zu erlassen:

Strafbefehl

gegen

den am 22.Januar 1922 in Denkendorf Krs.Esslingen geb. und dort, Adolf-Hitler-Strasse 3 wohnh., led.Bäckergesellen

<u>Wilhelm Keller</u>,

Die Staatsanwaltschaft beschuldigt Sie, Sie haben am Pfingsten und am 27.Juli 1941 in Denkendorf und anderen Orten fortgesetzt der Vorschrift zuwidergehandelt, wonach den konfessionellen Jugendverbänden jede Betätigung ausserhalb des kirch-lich-religiösen Gebietes, insbesondere eine solche sportlicher, gelände-und volkssportlicher Art, das geschlossene öffentliche Auftreten und das gemeinsame Ferien-und Zeltlagern untersagt ist,

indem Sie mit 8 anderen Jungen der evang.Gemeindejugend Denkendorf an Pfingsten 1941 eine 2 1/2 tägige Radfahrt in den Schwarzwald unternahmen und dabei 2 mal gemeinsam zelteten und am 27.Juli 1941 mit lo anderen Jungen der evang. Gemeindejugend Denkendorf geschlossen mit dem Rad zu einem Bezirkstreffen der evang.Jugend nach Nürtingen und zurück fuhren, wobei Sie beidemal der Anführer waren.

Nr. 3201. Antrag auf Erlassung eines Strafbefehls — (Staatsanwaltschaft) und Strafbefehl. —
25. 5. 39. 10000.

Bitte wenden.

Eberhard Röhm/Jörg Thierfelder, Evangelische Kirche zwischen Kreuz und Hakenkreuz. Bilder und Texte einer Ausstellung, Stuttgart 1981, S. 46f.

1 fortgesetztes ~~Übertretung~~ — Vergehen — gegen § 4 der Verordnung des Reichspräsidenten zum Schutz von Volk und Staat vom 28.Feb.1933 (RGBl.I.S.83) i.V.mit § 2 der Verordnung d.Württ.Innenministers über konfessionelle Jugendverbände vom 8.Aug.1935 ([illegible]A.Nr.93)

Als **Beweismittel** sind bezeichnet:

Ihr Geständnis.

Es wird gegen Sie eine

— **Geldstrafe** von 150.- RM, im Uneinbringlichkeitsfalle 30 Tag e ~~Haft~~ —

Gefängnis —

— ~~Gefängnis- Haft- strafe von Tage~~ —

festgesetzt, auch werden Ihnen die **Kosten des Verfahrens** und des Strafvollzugs auferlegt.

Kosten:

Gerichtsgebühr nach §§ 53, 52 GKG.	7 RM 50 Rpf	
Schreibgebühr	RM	Rpf
Auslagen	RM	Rpf
zus. — :	7 RM 50 Rpf	

Dieser Strafbefehl wird vollstreckbar, wenn Sie nicht **binnen einer Woche** nach der Zustellung beim Amtsgericht schriftlich oder zur Niederschrift der Geschäftstelle **Einspruch erheben.**

Die Geldstrafe **und die neben berechneten Gerichtskosten** sind an die **Gerichtskasse** — ~~Gerichtszahlstelle~~ — Esslingen a.N. (**Postscheckkonto** Stuttgart № 3446.

Girokonto № bei der Reichsbank) **innerhalb einer Woche** nach dem Eintritt der Vollstreckbarkeit **unter Angabe der Geschäftsnummer Seite 1 links oben** zu zahlen.

Werden Geldstrafe und Kosten nicht rechtzeitig bezahlt, so muß alsbald die **zwangsweise Beitreibung** eingeleitet werden.

Zählkarte Nr.

Strafnachrichten an

a) das Strafregister bei der Staatsanw.

b) **die Ortspolizeibehörde**

Nachricht an StA. n. § 19 Akt.-Ord.

Gesch. am

— Im Falle der Hauptverhandlung wird Entscheidung durch den Amtsrichter — ~~gem. § 407 Abs. 4 StPO., § 25 Abs. 1 Nr. 2 GVG.~~ — beantragt. —

Amtsgerichtsrat.

Der Oberstaatsanwalt bei dem Landgericht Stuttgart

Im Auftrag:

gez. Bäuchlen

~~Ober~~ Staatsanwalt.

Eingegangen am 29.X.41.

Gesehen am

Der Oberstaatsanwalt bei dem Landgericht Stuttgart.

Im Auftrag

7.

Staatsanwalt

Amtsgericht Esslingen a. Neckar

[42] Ein „Arbeitslager" für die Swing-Jugend

Schreiben des Jugendführers des Deutschen Reiches und Reichsjugendführers der NSDAP, A. Axmann, an Himmler

An den
Reichsführer-SS
Pg. Himmler
Berlin SW 11
Prinz-Albrecht-Str. 8

„8. Januar 1942

Sehr verehrter Parteigenosse Himmler!
In Hamburg hat sich in den Oberschulen bzw. in der Jugend der Kaufmannschaft eine sogenannte ‚Swing-Jugend' gebildet, die zum Teil eine anglophile[1] Haltung zeigt. Dieser Kreis umfaßt einige Hundert Jugendliche, zum Teil auch Personen über 18 Jahre. Da die Tätigkeit dieser ‚Swing-Jugend' in der Heimat eine Schädigung der deutschen Volkskraft bedeutet, halte ich die sofortige Unterbringung dieser Menschen in ein Arbeitslager für angebracht. Die beteiligten Dienststellen haben bereits in Hamburg die entsprechenden Maßnahmen in Betracht gezogen.
Beiliegend übermittle ich Ihnen zu Ihrer Kenntnis einige Berichte aus den Schulen. Ich wäre Ihnen für einen Hinweis an Ihre Hamburger Dienststelle sehr dankbar, daß mit den schärfsten Mitteln gegen die ‚Swing-Jugend' vorzugehen ist.

Heil Hitler!
Ihr
[Axmann]"

Detlev Peukert, Die Edelweißpiraten. Protestbewegungen jugendlicher Arbeiter im Dritten Reich, Köln 1980, S. 155

(1) englandfreundlich

[43] Prügel und Arbeit für die Jugend

Schreiben von Himmler an Heydrich vom 26. Januar 1942

„Der Reichsführer-SS | Führer-Hauptquartier
Tgb.Nr.AR/883/6 | 26. Jan. 1942
N/V.

Lieber Heydrich!
Anliegend übersende ich Ihnen einen Bericht, den mir der Reichsjugendführer Axmann über die ‚Swing-Jugend' in Hamburg zugesandt hat.
Ich weiß, daß die Geheime Staatspolizei schon einmal eingegriffen hat. Meines Erachtens muß jetzt aber das ganze Übel radikal ausgerottet werden. Ich bin dagegen, daß wir hier nur halbe Maßnahmen treffen.
Alle Rädelsführer, und zwar die Rädelsführer männlicher und weiblicher Art, unter den Lehrern diejenigen, die feindlich eingestellt sind und die Swing-Jugend unterstützen, sind in ein Konzentrationslager einzuweisen. Dort muß die Jugend zunächst einmal Prügel bekommen und dann in schärfster Form exerziert und zur Arbeit angehalten werden. Irgendein Arbeitslager oder Jugendlager halte ich bei diesen Burschen und diesen nichtsnutzigen Mädchen für verfehlt. Die Mädchen sind zur Arbeit im Weben und im Sommer zur Landarbeit anzuhalten.
Der Aufenthalt im Konzentrationslager für diese Jugend muß ein längerer, 2–3 Jahre, sein.
Es muß klar sein, daß sie nie wieder studieren dürfen. Bei den Eltern ist nachzuforschen, wie weit sie das unterstützt haben. Haben sie es unterstützt, sind sie ebenfalls in ein KL. zu verbringen und das Vermögen ist einzuziehen.
Nur, wenn wir brutal durchgreifen, werden wir ein gefährliches Umsichgreifen dieser anglophylen Tendenz in einer Zeit, in der Deutschland um seine Existenz kämpft, vermeiden können.
Ich bitte um weitere Berichte. Diese Aktion bitte ich im Einvernehmen mit dem Gauleiter und dem Höheren SS- und Polizeiführer durchzuführen.

Heil Hiter!
Ihr
[Unterschrift]"

Detlev Peukert, Die Edelweißpiraten. Protestbewegungen jugendlicher Arbeiter im Dritten Reich, Köln 1980, S. 156

[44] „Die Arbeitszeit betrug 10 bis 16 Stunden täglich"

Der ehemalige Lagerinsasse Erwin Rehn berichtet über die Arbeit im KZ Moringen

„An Arbeitskommandos gab es den Innendienst, umfassend Schneiderei, Schuhmacherei, Tischler und andere Handwerker, das Kommando, welches in der Landwirtschaft des noch in Resten im Lager befindlichen Arbeitshauses der Justiz tätig war und größtenteils aus Angehörigen des U-Blockes[1] bestand, sowie Häftlinge, die als Blockälteste etc., Lazarett-Kalfaktoren, SS-Burschen, Blockreiniger und Lagerältester Dienst taten. Dann gab es die Steinbrucharbeiter, die Strafdienstler, die schwere Arbeit innerhalb des Lagers im Laufschritt unter erschwerten Bedingungen zu verrichten hatten, meistens handelte es sich hierbei um Angehörige des S-Blockes[2], aber auch Angehörige anderer Blocks konnten bei bestimmten Verstößen gegen die Lagerordnung (besonders Flucht) zu begrenztem Dienst in den Strafdienst abkommandiert werden.

Als zuletzt eingerichtetes Kommando gab es die Heeres-Muna Volpriehausen. Dies war auch ein sog. Strafkommando, denn dort wurde von den Jugendlichen nur körperliche Schwer- und Schwerstarbeit verrichtet, die an sich nach dem Jugendschutzgesetz auch während des Krieges verboten war. In der Zeit von 1943–45, als ich dem Kommando angehörte, pflegten wir immer zur Einfahrt in den Schacht unter dem entsprechenden Verbotsschild anzutreten. Die verschiedenen Arbeitskommandos hatten zur Kennzeichnung verschiedenfarbige Stoffabzeichen, die in Form eines Balkens über dem Blockabzeichen getragen wurden. Die Arbeitszeit betrug 10 bis 16 Stunden täglich. Beim Ausrücken zur Arbeit außerhalb des Lagers wurden die Kommandos von SS-Mannschaften mit geladenen und entsicherten Schußwaffen und aufgepflanztem Bajonett begleitet. Bei Piller und in der Muna Volpriehausen wurde eine sogenannte Schwerarbeiterzulage in Form von einer Doppelscheibe Brot mit Margarine und Blutwurst gereicht, die von jüdischen oder Bibelforscherhäftlingen regelmäßig abgelehnt wurde. Die Bezahlung betrug allgemein 10 Rpf täglich, ferner wurden für besondere Leistungen sog. Prämien von 1,– bis 3,– RM gezahlt. Ebenso wurden aber auch bei schlechten Leistungen mit der Begründung: Sabotage, ganze Wochenlöhne abgezogen. Hinzu kamen noch die internen Lagerstrafen. Die Gelder wurden nie ausbezahlt, ich weiß nicht, wie es bei Entlassungen war."

KZ Moringen. Männerlager, Frauenlager, Jugendschutzlager. Eine Dokumentation, hrsg. von der Gesellschaft für christlich-jüdische Zusammenarbeit Göttingen e. V. und dem evang.-luther. Pfarramt Moringen, Göttingen o. J. (1983), S. 41f.

---

(1) Block der Untauglichen
(2) Block der Störer

[45] Hinrichtungsplakat

Bekanntmachung.

Der am 11. August 1942 vom Volksgerichtshof wegen Vorbereitung zum Hochverrat und landesverräterischer Feindbegünstigung zum Tode und zum dauernden Verlust der bürgerlichen Ehrenrechte verurteilte 17 Jahre alte

Helmuth Hübener

aus Hamburg

ist heute hingerichtet worden.

Berlin, den 27. Oktober 1942.

Der Oberreichsanwalt beim Volksgerichtshof.

Arno Klönne, Jugend im Dritten Reich, Düsseldorf/Köln 1982, S. 282

[46] Das Todesurteil gegen Christoph Probst und die Geschwister Scholl

Aus der Urteilsbegründung des Präsidenten des Volksgerichtshofes, Roland Freisler, vom 22. Februar 1943

„Im Namen
des Deutschen Volkes

In der Strafsache gegen

1. den Hans Fritz Scholl aus München, geboren in Ingersheim am 22. September 1918,
2. die Sophia Magdalena Scholl aus München, geboren in Forchdenberg am 9. Mai 1921,
3. den Christoph Hermann Probst aus Aldrans bei Innsbruck, geboren in Murnau am 6. November 1919,

zur Zeit in dieser Sache in gerichtlicher Untersuchungshaft,
wegen landesverräterischer Feindbegünstigung, Vorbereitung zum Hochverrat, Wehrkraftzersetzung hat der Volksgerichtshof, ...
für Recht erkannt:
Die Angeklagten haben im Kriege in Flugblättern zur Sabotage der Rüstung und zum Sturz der nationalsozialistischen Lebensform unseres Volkes aufge-

rufen, defaitistische Gedanken propagiert und den Führer aufs gemeinste beschimpft und dadurch den Feind des Reiches begünstigt und unsere Wehrkraft zersetzt.
Sie werden deshalb mit dem

Tode

bestraft.

Ihre Bürgerrechte haben sie für immer verwirkt.

Gründe.

Der Angeklagte Hans Scholl hat seit Frühjahr 1939 Medizin studiert und steht – Dank der Fürsorge der nationalsozialistischen Regierung – im achten Semester! Zwischendurch war er im Frankreichfeldzug in einem Feldlazarett und von Juli bis November 1942 an der Ostfront im Sanitätsdienst tätig.
Als Student hat er die Pflicht vorbildlicher Gemeinschaftsarbeit. Als Soldat – er ist als solcher zum Studium kommandiert – hat er eine besondere Treuepflicht zum Führer. Das und die Fürsorge, die gerade ihm das Reich angedeihen ließ, hat ihn nicht gehindert, in der ersten Sommerhälfte 1942 Flugblätter ‚der weißen Rose' zu verfassen, zu vervielfältigen und zu verbreiten, die defaitistisch Deutschlands Niederlage voraussagen, zum passiven Widerstand, der Sabotage in Rüstungsbetrieben und überhaupt bei jeder Gelegenheit auffordern, um dem deutschen Volk seine nationalsozialistische Lebensart und also auch Regierung zu nehmen.
Das, weil er sich einbildete, daß nur so das deutsche Volk durch den Krieg durchkommen könne!!
Von Rußland im November 1942 zurückgekehrt, forderte Scholl seinen Freund, den Mitangeklagten Probst auf, ihm ein Manuskript zu liefern, das dem deutschen Volk die Augen öffne! Einen Flugblattentwurf wie gewünscht lieferte Probst dem Scholl auch tatsächlich Ende Januar 1943.
In Gesprächen mit seiner Schwester Sophia Scholl entschlossen sich beide, Flugblattpropaganda im Sinne einer Arbeit gegen den Krieg und für ein Zusammengehen mit den feindlichen Plutokratien gegen den Nationalsozialismus zu treiben …
Sie sagen der Partei Kampf an, der Tag der Abrechnung sei gekommen, und scheuen sich nicht, ihren Aufruf zum Kampf gegen den Führer und die nationalsozialistische Lebensart unseres Volks mit dem Freiheitskampf gegen Napoleon (1813) zu vergleichen und auf ihn das Soldatenlied ‚Frisch auf mein Volk, die Flammenzeichen rauchen' anzuwenden!!!
Die Flugblätter haben die Angeklagten Scholl teilweise mit Hilfe eines Freundes, des Medizinstudenten Schmorell, vervielfältigt und in allseitigem Einvernehmen verbreitet:
1. Schmorell fuhr nach Salzburg, Linz, Wien und warf dort 200, 200, 1200

adressierte Flugblätter für diese Städte und in Wien außerdem 400 für Frankfurt am Main in Briefkästen;

2. Sophia Scholl warf in Augsburg 200 und ein andermal in Stuttgart 600 in Postbriefkästen.
3. Nachts streute Hans Scholl zusammen mit Schmorell Tausende in Münchner Straßen aus.
4. Am 18. Februar legten die Geschwister Scholl 1500–1800 in der Münchener Universität in Päckchen ab und Sophia Scholl warf einen Haufen vom 2. Stock in den Lichthof.

Hans Scholl und Schmorell haben auch am 3., 8. und 15. 2. 43 nachts an vielen Stellen Münchens, so vor allem auch an der Universität, Schmieraktionen mit den Inschriften ‚Nieder mit Hitler', ‚Hitler der Massenmörder', ‚Freiheit' durchgeführt. Nach der ersten Aktion erfuhr das Sophia Scholl, war damit einverstanden und bat – freilich vergeblich – künftig mitmachen zu dürfen!

Die Auslagen – im ganzen ungefähr 1000 Mark – haben die Angeklagten selbst bestritten ...

Wer so, wie die Angeklagten, getan haben, hochverräterisch die innere Front und damit im Kriege unsere Wehrkraft zersetzt und dadurch den Feind des Reiches begünstigt (§ 5 KriegssonderstrafVG und § 91b StrGB), erhebt den Dolch, um ihn in den Rücken der Front zu stoßen! Das gilt auch für Probst, der zwar behauptet, sein Manuskript habe kein Flugblatt werden sollen, denn das Gegenteil zeigt schon die Ausdrucksweise des Manuskripts. Wer so handelt, versucht gerade jetzt, wo es gilt, ganz fest zusammenzustehen, einen ersten Riß in die geschlossene Einheit unserer Kampffront zu bringen. Und das taten deutsche Studenten, deren Ehre allzeit das Selbstopfer für Volk und Vaterland war!

Wenn solches Handeln anders als mit dem Tode bestraft würde, wäre der Anfang einer Entwicklungskette gebildet, deren Ende einst – 1918 – war. Deshalb gab es für den Volksgerichtshof zum Schutze des kämpfenden Volkes und Reiches nur eine gerechte Strafe: die Todesstrafe. Der Volksgerichtshof weiß sich darin mit unseren Soldaten einig!

Durch ihren Verrat an unserem Volk haben die Angeklagten ihre Bürgerehre für immer verwirkt.

Als Verurteilte müssen die Angeklagten auch die Kosten des Verfahrens tragen.

gez. Dr. Freisler Stier."

Inge Scholl, Die Weiße Rose, Erweiterte Neuausgabe, Frankfurt a. M. 1982, S. 137ff.

4.2. Jüdische Kinder werden abgesondert und entrechtet

[47] Jüdischen Kindern ist der Besuch der allgemeinen Schule verboten

Regelung des Schulbesuchs jüdischer Schulkinder

„Der Reichsminister für Wissenschaft,
Erziehung und Volksbildung
E I b 745 (b).

Berlin W 8,
den 15. November 1938
Postfach

Betrifft: Schulunterricht an Juden

Nach der ruchlosen Mordtat von Paris[1] kann es keinem deutschen Lehrer und keiner deutschen Lehrerin mehr zugemutet werden, an jüdische Schulkinder Unterricht zu erteilen. Auch versteht es sich von selbst, daß es für deutsche Schüler und Schülerinnen unerträglich ist, mit Juden in einem Klassenraum zu sitzen. Die Rassentrennung im Schulwesen ist zwar in den letzten Jahren im allgemeinen bereits durchgeführt, doch ist ein Restbestand jüdischer Schüler auf den deutschen Schulen übrig geblieben, dem der gemeinsame Schulbesuch mit deutschen Jungen und Mädeln nunmehr nicht weiter gestattet werden kann.

Vorbehaltlich weiterer gesetzlicher Regelung ordne ich daher mit sofortiger Wirkung an:

1. Juden ist der Besuch deutscher Schulen nicht gestattet. Sie dürfen nur jüdische Schulen besuchen. Soweit es noch nicht geschehen sein sollte, sind alle zur Zeit eine deutsche Schule besuchenden jüdischen Schüler und Schülerinnen sofort zu entlassen.
2. Wer jüdisch ist, bestimmt § 5 der ersten Verordnung vom 14. November 1935 zum Reichsbürgergesetz.
3. Diese Regelung erstreckt sich auf alle mir unterstellten Schulen einschließlich der Pflichtschulen.

In Vertretung:
gez. Zschintzsch."

Stadtarchiv Hannover, Schulamt XVI – Nr. 1132

(1) Ermordung des deutschen Diplomaten vom Rath durch den 17jährigen polnischen Juden Herschel Grynszpan am 7. November 1938

[48] „Ich mußte den Judenstern tragen"

„Ich fuhr, wenn ich Tagschicht hatte, immer im selben Wagen der S-Bahn, jeden Morgen um 20 Minuten nach fünf. Alles bekannte, unausgeschlafene Gesichter, besonders nach Fliegeralarm. Auf der Querbank war immer derselbe Platz für mich frei, neben mir saß ein Maurer, der die BZ (Berliner Zeitung) las. Er war ein kräftiger Mann, der ein gut Teil der Bank einnahm. Auf der anderen Seite saß einer, der versuchte, sich seine besseren Tage zu erhalten. Er kam immer mit Schlips und Kragen. Seine Kleidung war zwar abgetragen, doch er bemühte sich offensichtlich, auch schon früh morgens, ein Gentleman zu sein. An der Tür stand eine Frau in mittleren Jahren, mollig, blond und pausbäckig, die sich nie setzte und immer nur fünf Stationen mitfuhr. Gegenüber ein Gigolo, offensichtlich ein Italiener. Er war noch jung und strahlte mich immer an. Einmal schenkte er mir eine Zigarette. So kannte man sich und grüßte mit ‚Guten Morgen' oder ‚Morjn!' Dann kam der 16. September 1941, ich mußte den Judenstern tragen. Ich schämte mich entsetzlich. Der Stern war handtellergroß. Er schien viele Zentner zu wiegen. Ich versuchte, die Tasche mit meinen Frühstücksbroten davorzuhalten. Aber es war verboten, ihn zu verdecken. Ich hatte das Gefühl, daß mich alle Leute anstarren würden. Aber sie starrten nicht, ich war wie im Fieber, wie nackt! – Der dicke alte Mann, der immer mit mir auf den Zug wartete, aber dann in einen anderen Waggon stieg, griente mich krampfhaft an, auch er mit Stern. Schweißperlen standen ihm auf der Stirn. Was sollte ich tun? Bis hierher zum Bahnhof war ich geschlichen, immer an den Hauswänden entlang, wie ein Dieb. Kein Mensch hatte mich angesehen. Aber hier? Sollte ich in den gewohnten Wagen einsteigen? Lieber in einen anderen? Der Zug kam. Automatisch stieg ich in ‚meinen' Waggon und flüsterte: ‚Morjn!' Die Leute schauten hoch, dachten sicher, was hat der denn, sahen! Überlaut tönte es zurück: ‚Morjn!'

Ich hatte das Gefühl, daß alle, aber auch alle, wie im Chor zurückgegrüßt hatten. Keine Unterhaltung wie sonst, Stille. Ich stand in der Ecke neben der Eingangstür, neben mir die Frau, die sich nie setzte. Da ertönte, wie mir schien, überlaut, die Stimme des Maurers, der die Lektüre der BZ unterbrochen hatte: ‚Wat setzte dir denn nich hin, hier uff dein Platz?' Und alle nickten. Ich zitterte. In meinem schönsten Berlinisch antwortete ich: ‚Ich darf doch nich sitzen, is doch for mia verboten.' Und er: ‚Quatsch, setz dir hin!' ... Alle nickten, keiner widersprach, also setzte ich mich, natürlich auf nur höchstens zwei Buchstaben. Der Gigolo kam und gab mir eine Zigarette. Es war fast zuviel für mich. Der mit dem Schlips gab mir Feuer. Verschwörung, nein, Menschlichkeit – für ein paar Sekunden!

Man mußte für die Sterne viel Geld bezahlen. Und dann waren sie auch noch knapp. Sie mußten fest angenäht sein. So brauchte man zuerst schon zwei.

Einen für die Tageskleidung, einen zweiten für die Arbeitskluft, und wenn man die Kleidung wechselte: im Winter einen für den Anzug und einen für den Mantel. Es wurde direkt ein Problem. Meine arme Mama nähte nur immer Sterne um …
Die Reaktion der Berliner auf den Stern war, bis auf Ausnahmen, für uns positiv. Nur vereinzelt wurde man angespuckt, angerempelt, verprügelt. Jeder Jude mit dem Stern hat es erlebt. Aber man stand darüber. Man wusch die Spucke ab, säuberte sich, hatte sich damit abgefunden. Erstaunlicherweise konnte man sich fast daran gewöhnen."

Klaus Scheurenberg, Ich will leben. Ein autobiographischer Bericht, Berlin 1982, S. 79ff.

[49] Jüdische Kinder müssen ihre Haustiere abgeben

Aus einem Rundschreiben der Jüdischen Kultusvereinigung in Köln vom 15. Mai 1942

„Im ‚Jüdischen Nachrichtenblatt' Nr. 20 vom 15. ds. Mts. wird folgende Anordnung der Aufsichtsbehörde veröffentlicht:

1. Juden, die zum Tragen des Kennzeichens verpflichtet sind, und den mit ihnen zusammen wohnenden Personen ist mit sofortiger Wirkung das Halten von Haustieren (Hunden, Katzen, Vögeln) verboten.
2. Juden, die im Zeitpunkt der Veröffentlichung dieser Anordnung Haustiere halten, sind verpflichtet, der für ihren Wohnort zuständigen Jüdischen Kultusvereinigung bis zum 20. 5. 1942, unter Angabe des Kennworts ‚Haustiere', schriftlich anzuzeigen, welche Haustiere von ihnen gehalten werden.
3. Über die Ablieferung oder Abholung der Haustiere wird den Tierhaltern (vergl. Ziffer 2) durch die zuständige Jüdische Kultusvereinigung Anweisung zugehen.
4. Eine anderweitige Unterbringung der Haustiere, insbesondere in Pflegestellen bei Dritten, ist unzulässig.
5. Zuwiderhandlungen gegen diese Anordnung haben staatspolizeiliche Maßnahmen zur Folge."

Heinz Boberach, Jugend unter Hitler, Düsseldorf 1982, S. 167

4.3. Kinderraub in besetzten Gebieten, Entwürdigung in Gettos, Ermordung in Vernichtungslagern

[50] Sträflinge

Dorothea Stanić (Hg.), Kinder im KZ, Berlin 1979, S. 33

[51] Kinderraub

„Der Reichsführer SS — Berlin SW 11, den 14. 6. 1941.
Tgb.Nr. AK/38/8 — Prinz-Albrecht-Str. 8.
RF/V.

Lieber Parteigenosse Greiser.
Ich darf die Anregung, die ich kürzlich mündlich gegeben habe, schriftlich wiederholen.

1. Ich halte es für richtig, wenn besonders gutrassige kleine Kinder polnischer Familien zusammengeholt und von uns in besonderen, nicht zu großen Kinderhorten und Kinderheimen erzogen würden. Das Wegholen der Kinder müßte mit gesundheitlicher Gefährdung begründet werden.

2. Kinder, die nicht einschlagen, sind den Eltern zurückzugeben.
3. Ich rate, zunächst einmal nur mit zwei oder drei solchen Einrichtungen zu beginnen, um Erfahrungen zu sammeln.
4. Von den Kindern, die sich als einigermaßen gut herausstellen, wäre nach einem halben Jahr Ahnentafel und Abstammung einzuholen. Nach insgesamt einem Jahr ist daran zu denken, solche Kinder als Erziehungskinder in kinderlose gutrassige Familien zu geben.
5. Als Leiter und Leiterinnen für solche Institutionen dürfen nur die besten und rassisch klarsehenden Kräfte genommen werden.

Heil Hitler:
gez. Ihr H. Himmler"

Hans Mausbach/Barbara Mausbach-Bromberger, Feinde des Lebens. NS-Verbrechen an Kindern, Frankfurt a. M. 1979, S. 197

[52] Im Warschauer Getto

Aussage des Dr. Adolf Abraham Bermann am 3. 5. 1961 im Eichmann-Prozeß

„Unter der jüdischen Bevölkerung im Getto Warschau, die als Höchststand fast eine halbe Million Menschen zählte, gab es mehr als hunderttausend Kinder bis zu vierzehn Jahren. Unter diesen Kindern waren mindestens drei Viertel hilfsbedürftig ... Wir errichteten mehr als hundert Kinder-Hilfsinstitutionen. So gelang es uns, etwa 25 000 Kindern zu helfen. 30 Waisenhäuser zum Beispiel, darunter auch das durch seinen Leiter, den in Polen wegen seiner Methoden sehr geachteten Erzieher und Kinderbuchschriftsteller Janosz Korczak, berühmt gewordene Haus. Ferner 20 Tagesheime, 20 Küchen, 30 Kinder- und Jugendheime. Wir nutzten auch jedes grüne Fleckchen aus für die Kinder, die Grünes noch nie in ihrem Leben gesehen hatten, die gar nicht wußten, wie ein Wald aussieht, was eine Blume ist ...
Die erste große Vernichtungsaktion begann am 22. Juli 1942. Ihre ersten Opfer waren jüdische Kinder. Ich werde nie vergessen, wie SS-Leute und ihre Helfershelfer (ukrainische Faschisten) sich mit einer geradezu unvorstellbaren Barbarei auf die Kinder stürzten und sie auf die Wagen zerrten. Die Kinder versuchten, sich zur Wehr zu setzen. Noch heute höre ich ihr Weinen und ihre Hilfeschreie: ‚Mutter, Mutter, rette mich!'
Eine Woche später begannen die SS-Leute und ihre Helfer, auch unsere Institutionen heimzusuchen. In jenen Tagen sah man durch die Straßen von Warschau lange Kolonnen von Kindern aus unseren Heimen marschieren, zusammen mit ihren Erziehern. Sie marschierten zum ‚Umschlagplatz', zu den Todeswaggons nach Treblinka. Auch die Insassen des Waisenhauses von Janosz Korczak gehörten dazu. Es war eine schauerliche Prozession. Korczak

ging an der Spitze, neben ihm zwei kleine Kinder. Als sie zum Sammelplatz gelangten, wollten bewaffnete Polizisten Korczak befreien. Aber Korczak weigerte sich, seine Schützlinge zu verlassen. Eine große Sorge war es ihm, daß den Kindern nicht genug Zeit gelassen würde, sich anzuziehen und daß sie barfuß laufen müßten.

Den Kleinsten wurde erzählt, daß sie einen Ausflug machen würden, daß sie endlich einmal Felder, Wälder und Blumen zu sehen bekämen, die es im Getto nicht gab. Einige Stunden später waren sie alle in die Todeswaggons eingepfercht ... Hunderttausend Kinder des Gettos von Warschau wurden von den Nazimördern vernichtet."

Inge Deutschkron, „... denn ihrer war die Hölle." Kinder in Gettos und Lagern, Köln 1979, S. 126f.

[53] Das Schicksal der Zigeunerkinder aus dem Kinderheim St. Josefspflege in Mulfingen

Brief von Franziska Kurz, Mutter von Otto – Jahrgang 1934 –, Sonja – Jahrgang 1935 – und Thomas – Jahrgang 1937 –

„Schellenberg, 30. I. 46

Wehrte Schwester Oberin!

Ihr erschütterndes Schreiben erhalten; Ich weiß nicht wie ich mich Ausdrükken soll, vor soviel Güte fehlen mir Worte; Eine Mutter konnte an den Kindern nicht anders handeln wie Sie & Frl. Lehrerin; Ich möchte Ihnen noch nachträglich danken, daß Sie all den Kindern den Abschied so leicht wie möglich machten in dieser schweren Stunde, wo die meisten in ihren Tod fuhren;

Bitte schreiben Sie mir doch wie benahmen sich meine Kinder als sie Abschied nehmen mußten;

Bitte, Bitte verschweigen Sie mir nichts.

Mir wurde im Mai kurz nach Ihrem Schreiben von der Polizei mündlich mitgeteilt, daß sich meine Kinder in Auschwitz befänden, ich fragte sie, was wollen Sie denn noch von meinen armen Kindern; die Antwort wahr kurz, vernichten; dann wurde ich verwarnt mich ruhig zu verhalten & keine Annäherungsversuche zu unternehmen andernfalls müßte man mich & mein jüngstes Kind aus der 1. Ehe auch in ein K.Z.L. überweisen, da wir ja auch nicht arisch seien;

Ich mußte 12× unterschrieben, für die Unfruchtbarmachung f. mich & mein Kind Maria; Nach Geburt meines Jüngsten Kindes Ghünter Pfaus, geb. 23. III. 45 wurde ich als Wöchnerin v. 14 Tagen verhaftet und in das Gesundheitsamt geführt in Berchtesgaden; Aber da ich noch mein Kind stillte & weil Ghünterle bei mir wahr durfte ich wieder nach Hause; Dann ging der Krieg zu Ende, u. das war meine Rettung.

Aber von meinen Kindern habe ich nie etwas erfahren können, jetzt fehlt jede Spur, wenn man dann die Berichte über Auschwitz Belsen & anderen K.Z.L. ließt dann wundere ich mich oft daß ich noch nicht in ein Irrenhaus eingeliefert wurde;

Ich frage mich oft warum ließ unser Vater im Himmel dies alles zu. Was taten die armen Kinder denn, die von der Mutter gerissen wurden, u. dann später von Ihnen ...[1] hatten;

Aber trotz allem hoffe ich noch meine Kinder wiederzufinden. Bitte hoffen & beten Sie mit mir, damit ich endlich Gewißheit habe.

Gott stehe mir bei daß ich auch dieses noch ertrage, wenn für mich auch die furchtbarste Wahrheit offenbar wird.

Ich danke Ihnen herzlich für den Fingerzeig. Ich habe an Familie Liebig sofort geschrieben;

Ich werde Sie immer auf dem laufenden halten;

Es grüßt Sie und Frl. Lehrerin Ihre Franziska Kurz."

Abdruck mit freundlicher Genehmigung der Körber-Stiftung, Hamburg

(1) (Original unleserlich)

[54] Auf dem Weg ins Gas

5. Jugend im Krieg

5.1. Bombenkrieg und „Kinderlandverschickung"

[55] „Die ganze Altstadt brannte"

„Die Sirenen heulten, und meine Mutter, mein Bruder und ich gingen mit dem Gepäck in einen öffentlichen Luftschutzkeller, den wir schon den ganzen Krieg hindurch aufsuchten. Mein Vater mußte im Hauskeller bleiben. Kaum waren wir im Keller, flogen die Bomben und es krachte in allen Ecken. Die ganze Altstadt brannte schon, und das eine Haus zündete das andere an. Nach dem Angriff kam mein Vater zu uns in den Keller und sah sich nach uns um. Als er wieder hinauf wollte, kam er gleich wieder zurück und teilte uns mit Schrecken mit, daß auf einmal der Ausgang und alle Durchbrüche verschüttet wären. Vor lauter Rauch bekamen wir bald keine Luft mehr, und wir versuchten mit einer Luftpumpe unser Glück. Aber es half nichts, denn wir waren ja über fünfzig Personen. Nicht einmal eine Kerze brannte. So saßen wir im Dunkeln und warteten mit der einen Hoffnung, daß sie uns am Tage wieder ausgraben würden. Doch es dauerte nicht lange, so schlief ich auf dem Schoß meiner Mutter ein. Alle wurden bewußtlos. Als ich wieder aufwachte, lag ich im Bunker des Paniersschulhauses. Nach 2 Tagen kam ich ins Kinderspital und erfuhr dort erst nach 1½ Monaten und langem Warten und Sehnen von meinen Großeltern, daß auch meine Eltern und mein Bruder ein Opfer des Angriffs waren. Dieses Erlebnis werde ich nie vergessen, denn dadurch hat für mich ein ganz anderer Lebensweg begonnen."

Hannes Heer (Hrsg.), „Als ich 9 Jahre alt war, kam der Krieg". Schüleraufsätze 1946, Köln 1980, S. 92, 118

[56] Im Luftschutzkeller

[57] Wo ist kein Krieg?

Werbeplakat der HJ für die KLV-Lager (1944)

Heinz Boberach, Jugend unter Hitler, Düsseldorf 1982, S. 118

[58] „Die schönste Zeit in meinem Leben"

„Die schönste Zeit in meinem Leben verlebte ich in einem KLV-Lager im Isergebirge. Die Baude, in der ich mit vielen Kameradinnen Schutz vor dem feindlichen Bombenterror fand, liegt am Fuße eines 1000 m hohen Berges, am Nußstein. Riesige Mischwälder, Berge und Schluchten, Flüsse und Bächlein zwischen bemoosten Felsen hervorspringend, zeigen die Romantik dieser herrlichen Gegend. Auf uns junge Menschen machte dies alles großen Eindruck. Mit unserer Lagerleitung wanderten wir zu den nahen Bergen und den rauschenden Wasserfällen. Unser Leben im Lager war sehr abwechslungsreich gestaltet. Langeweile kannten wir nicht. Neben den 4–6 Schulstunden, die wir täglich, außer Sonntag, hatten, wurden gesungen, musiziert und gespielt. Sport war für uns eine große Freude. Wir bildeten uns im Schwimmen und Skilaufen aus, und in der Gymnastik standen wir anderen Lagern nicht nach. An den langen Winterabenden saßen wir im Tagesraum gemütlich beisammen, machten Handarbeiten, schrieben Briefe oder lasen gute Bücher. So wurde uns die schwere Zeit des Grauens und der Not verschönert. Sie wird mir unvergeßlich sein."

Hannes Heer (Hrsg.), Als ich 9 Jahre alt war, kam der Krieg. Schüleraufsätze 1946, Köln 1980, S. 122f., 124f.

[59] „Die ganze Atmosphäre war militärisch"

„Eines Tages bekam ich die Mitteilung, daß auch ich ein Kinderlandverschikkungslager übernehmen müßte. Ich kannte die Kinder vorher nicht. Sie waren im fünften und sechsten Schuljahr. Es waren Kinder aus Schöneberg, Steglitz und einige wenige aus Zehlendorf. Sie wurden von Berlin an die Ostsee auf dem Wasserweg tranportiert. Es war 1942. Die Kinder sind dann an der Ostsee bei Swinemünde auf die Kurorte verteilt worden. Die Hotels standen ohnehin leer, weil die Männer im Krieg waren und die Frauen in der Kriegsindustrie steckten. Ich habe meinen Trupp vor unserem Hotel übernommen. Die kamen an mit Gesang und in Jungvolkuniformen, angeführt von HJ-Führern. Wir Lehrer sollten nur den Unterricht übernehmen. Wir sollten aber auch die Verantwortung tragen, denn die HJ-Führer waren viel zu jung, erst 15 Jahre alt. Die älteren HJ-Führer waren schon alle im Krieg, denn 1942 waren die Verluste schon furchtbar gewesen ... Die ganze Atmosphäre war militärisch mit Appell am Morgen und Fahnengruß. Die Fahne wurde rausgehängt, und die Schüler standen dann unten und grüßten ihre Fahne – unsere Fahne. Danach gingen sie in den Saal. Der Saal war gleichzeitig Eßraum und Unterrichtsraum. Wir haben ein bißchen geschrieben, ein bißchen gelesen, ein bißchen gerechnet, ein bißchen, ein bißchen ... Recht bald habe ich dann gesagt: ‚So, macht euch fertig, in 10 Minuten treten wir unten an.' Dann sind wir rausgegangen zum Strand, es war ein Fußmarsch von 5 bis 10 Minuten. Da haben wir getobt und selbstverständlich auch gebadet und haben Wanderungen gemacht. Vormittags unter meiner Leitung, und nachmittags haben die HJ-Herren die Leitung übernommen, aber ich mußte doch immer mit einem Ohr hinhören und mit einem Auge hingucken.

Das Verhältnis zwischen den beiden HJ-Führern und mir war nicht gut, es konnte nicht gut sein. Es war kein Vertrauensverhältnis vom Zivilisten zum Uniformträger da und umgekehrt. Wenn der Lehrer – der Lagerleiter – im Dienstzimmer des HJ-Führers ein Küchenmädchen aus dem Bett rausziehen muß, das ist dann kein gutes Verhältnis.

Uniform spielte damals eine große Rolle. Wir Lehrer bekamen auch eine

Uniform, wahrscheinlich damit die HJ-Führer ein bißchen Respekt vor uns hatten: eine schwarze Hose, schwarze Stiefel, einen schwarzen Rock, eine Hakenkreuzbinde und eine furchtbare Mütze dazu. Ich habe das Ding nicht getragen. Es war mir viel zu warm und zu aufwendig. Außerdem ging ich mit dem Hakenkreuz nicht gerne durch die Straßen. Ich habe die Uniform beim ersten Empfang angehabt, sonst nicht. Es war aber folgendes interessant: Als ich mit Uniform über die Treppen des weiträumigen Gebäudes ging, hat die Bande mir eher Platz gemacht, und man hatte mehr Respekt. So war jedenfalls meine Empfindung.
Die Stimmung unter den Jugendlichen war schlecht. Sie wollten alle nach Hause. Ich habe nicht so viel Kraft gehabt, das Heimweh auszukehren. Wenn man sich zum Beispiel bei einem aufs Bett gesetzt hätte, dann hätten die anderen womöglich gesagt: ‚Ööōh, der Willi, der hat Heimweh!' Das war alles so eine gemachte Männlichkeit, auf Männlichkeit hingerichtet.

Arbeitsgruppe Pädagogisches Museum (Hrsg.), Heil Hitler, Herr Lehrer. Volksschule 1933–1945, Reinbek 1983, S. 182f.

[60] Sauberkeitsappell in einem KLV-Lager

Claus Larass, Der Zug der Kinder. KLV – Die Evakuierung 5 Millionen deutscher Kinder im 2. Weltkrieg, München 1983, nach S. 176

[61] Das KLV-Lied

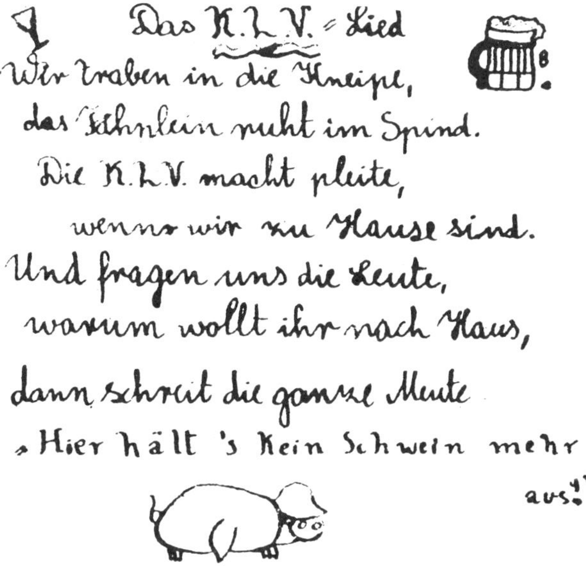

[62] Das Kriegsende in einem bayerischen KLV-Lager

„Mitte April '45: Post oder gar Telefon-Verbindungen nach Hamburg-Harburg existieren nicht mehr … Brot muß, wegen zerbombter Brücken, bei Nacht aus ca. 40 km Entfernung mit einem Handkarren herbeigeschafft werden; … im Ort selbst gehen wir häufig regelrecht betteln …; wir hatten keinen Strom und keine Wasserspülung; kein Radio, keine Nachrichten – wir Schüler bereicherten unsere ‚Speisezettel' durch rohe Steckrüben von den Feldern … Am 18. 6. 45 sind noch 19 Jungen unserer Klasse im Lager; die übrigen haben sich auf eigene Faust auf den Heimweg gemacht. 7. 8. 45 Endlich: Rückreise-Beginn. 11. 8. 45 Ankunft in Hamburg-Harburg … während wir von den schlimmsten Kriegsereignissen in der KLV verschont blieben, finden viele von uns die ursprünglichen Wohnungen nicht mehr vor; ja schlimmer: haben zum Teil den Tod naher und nächster Verwandter zu beklagen.“

Gerhard Dabel im Auftrag der Dokumentations-Arbeitsgemeinschaft KLV e. V., KLV. Die erweiterte Kinder-Land-Verschickung. KLV-Lager 1940–1945, Freiburg i. Br. 1981, S. 151, 280

5.2. Kinder und Jugendliche an der „Heimatfront"

[63] Mädchenarbeit in der Rüstungsindustrie

Plakat der Deutschen Arbeitsfront 1944

Heinz Boberach, Jugend unter Hitler, Düsseldorf 1982, S. 124

[64] Der ehemalige Luftwaffenhelfer Wolfgang Marienfeld (Jahrgang 1926) aus Hannover erinnert sich

„Der Angriff auf Hannover am 22. September [1943] wurde von britischen Bombern geflogen und fand ... nachts statt. Die Batterie Langenhagen hatte geschossen, was die Rohre hergaben ... Offenbar auch mit einigem Erfolg, denn ziemlich nahe bei der Stellung kam ein britischer Bomber herunter. Das Bild des von den Scheinwerfern erfaßten und durch unser Feuer fliegende Bombers, schließlich auch seinen Absturz, habe ich noch genau vor Augen: als Richtschütze am Geschütz konnte ich zwischen den Gruppen gelegentlich zum nächtlichen Himmel kurz aufblicken.
Wir waren nach diesem Angriff auf Hannover hochgestimmt: Der nächtliche

Himmel bot mit den vielen suchenden Scheinwerfern, den Tannenbäumen[1], den Leuchtkugeln, dem ES[2] der Nachtjäger, dem Aufblitzen der detonierenden Granaten, den Leuchtspurbahnen aus den Bordkanonen der Bomber und der Jäger und der leichten Flak einen phantastischen Anblick. Wir hatten alle das Gefühl, unseren Mann gestanden zu haben, und empfanden diesen Angriff als unsere eigentliche Feuertaufe und unsere Bewährungsprobe. Der Raum, in dem unsere Batterie stand, war von Bombenwürfen verschont geblieben, die vom Angriff angerichteten Zerstörungen waren fernab, ebenso das Leid und der Tod der Menschen, und so war es uns möglich, das in uns lebende, uns von Schule und HJ vermittelte Bild des Krieges als eines großen Abenteuers, als Stätte männlicher Bewährung ungebrochen aufrechtzuerhalten und so der nächsten Bewährung geradezu entgegenzufiebern. Diese sollte schneller kommen, als wir am 22. September ahnten, und uns ein anderes Bild vom Krieg vermitteln.

Am späten Abend des 27. September rasselten die Alarmglocken in den Baracken. Im Nu waren wir – in Übermäntel gehüllt – an den Geschützen und Geräten. Unser Ehrgeiz war, immer schon alles feuerbereit gemacht zu haben, bevor die Soldaten kamen. Ich war zwei Tage zuvor für einen erkrankten Klassenkameraden vom Geschütz an das Funkmeßgerät versetzt worden und hatte diesen Befehl mit großem Widerstreben ausgeführt: gleichsam um die Vorläufigkeit der Versetzung zu demonstrieren und um mir einen Platz als Richtkanonier bei ‚Anton' zu sichern, hatte ich Stahlhelm und Gasmaske im Geschützstand gelassen.

Bald nach Beginn des Alarms faßten wir einzelne Maschinen auf, und die Batterie schoß ein paar Gruppen nach den von uns ermittelten Werten. Offenbar handelte es sich aber noch nicht um die eigentlichen Bomberverbände.

Plötzlich standen Tannenbäume am Himmel, und unsere Batterie lag mitten in der Fläche, die sie markierten. Ein Schreck fuhr uns durch die Glieder. Sollte der Angriff etwa gegen uns gerichtet sein? Aber nein! Hier draußen vor Hannover? Sicherlich ein Fehlwurf der Tommies.

Plötzlich hören wir das Heulen von Bomben, wir ducken uns unwillkürlich, bleiben aber am Gerät, krampfhaft bemüht, die aufgefaßte Maschine nicht aus der Ortung zu verlieren. Dann wieder Heulen und Krachen ganz in der Nähe. Plötzlich verschwinden die Leuchtstrahlen und die Zacken, die in der Optik die Flugzeuge anzeigen. Das Gerät hat keinen Strom mehr, mit ihm ist nichts mehr anzufangen. Ehe wir nach der Ursache Ausschau halten können, fallen weitere Bomben in der Nähe. Der über den Stand hinausragende Hohl-

(1) Lichtzeichen zur Markierung des Zielgebietes
(2) Erkennungssignal

spiegel des FuMG[3] wird von Splittern durchsiebt. Wir liegen jetzt auf dem Boden unseres Standes, eng an Mauer und Umwallung gepreßt. Die Bomben, die den Tod bringen, hören wir nicht.

Es geschieht alles unwahrscheinlich schnell. Plötzlich liegen wir in den Trümmern unseres Standes, von den Steinen der Mauer und dem Erdreich der Umwallung bedeckt. Schreien und Stöhnen ringsherum. Ich kann mich nicht bewegen und liege völlig verdreht in den Trümmern des Standes, halb über mir Wolfgang Busch: Er hat ein paar Tropfen Blut auf den Lippen, die Augen sind geschlossen, das Gesicht völlig reglos, aber offenbar ist er nicht verletzt. Ich rufe ihn an: ‚Bosche!‘ (so nannten wir ihn), aber er reagiert nicht. Ich versuche mich freizuwühlen, die Arme aus den Trümmern herauszubekommen, aber es gelingt nicht. Ich kann nur den Kopf ein bißchen hin- und herwenden, kann frei atmen, aber ich kann nicht hinter mich sehen, und so weiß ich nicht, daß in der B 1 alle tot sind.

Endlich kommen die Kameraden aus der Geschützstaffel, sehen uns, graben uns mit den Händen aus. Ich will aufspringen und mithelfen, die anderen aus den Trümmern zu befreien, aber es geht nicht. Ich breche zusammen und kann Arme und Beine kaum bewegen. Irgendwer legt mich aufs Feld neben dort schon Liegende, eine lange Reihe entsteht. Auch Wolfgang Busch ist dabei. Er bewegt sich nicht, ist stumm, sollte er tot sein? Mädchen kommen vom Reuterdamm, erkennen uns nicht. Was ist los? Warum erkennen Sie uns nicht? Endlich kommen Sankas.[4] Wir werden eingeladen, fahren durch brennende Straßen, werden schließlich irgendwo ausgeladen, getragen, hingelegt. Schwestern kommen, wir sind gerettet. Kein Gedanke als dieser ...

Das Ausmaß der Zerstörungen und die Höhe der Verluste, die Namen der Toten erfahre ich erst in den folgenden Tagen: 13 Luftwaffenhelfer und 11 Soldaten sind gefallen. Die Verluste hätten noch höher sein können, denn wenige Tage zuvor war die 4./185, die zweite mit uns zur Großbatterie Langenhagen zusammengeschlossene Batterie, abgezogen worden. Hier waren auch mehrere Geschützstände von Sprengbomben getroffen worden. Von den Bedienungsmannschaften hätte das niemand überlebt.“

Hans-Dietrich Nicolaisen, Die Flakhelfer. Luftwaffen- und Marinehelfer im Zweiten Weltkrieg, Berlin/Frankfurt/Wien 1981, S. 51–54

(3) Funkmeßgerät
(4) Sanitätskraftwagen

5.3. Schüler als Soldaten

[65] „Eure Ehre gebietet den Einsatz"

„Zu verlesen!

Tagesbefehl
des Gebietsführers
an die männl. Jugend des Gebietes Köln–Aachen (11)
Jungens!

Unsere Heimat ist bedroht!

Ein barbarischer Feind steht vor dem Westwall und wird den Ansturm wagen müssen, um die Entscheidung zu erringen. Die Stunde höchster Bewährung ist damit für uns alle gekommen. Kein Fußbreit deutschen Bodens darf preisgegeben werden. Der Soldat wird kämpfend seine Pflicht erfüllen; Ihr Jungen habt ihm überall die Stellungen zu bauen, aus denen heraus er der Masse des Materials trotzen kann.
Jedes Dorf, jede Stadt und jedes Gehöft muß eine einzige Festung werden. Dann mag der Feind kommen, an unseren Wällen muß er zerbrechen! Das Gebot der Stunde heißt deshalb für uns: schanzen, schanzen und nochmals schanzen!
Drum meldet Euch freiwillig zu diesen Aufgaben! Laßt Euch nicht durch dummes Geschwätz, ängstliches Gerede und unkontrollierbare Parolen beirren. Alle Gerüchte sind falsch! Dem Feind ist bisher an keiner Stelle ein Durchbruch gelungen. Keine einzige Stadt konnte er besetzen. Eure Ehre gebietet den sofortigen Einsatz. Wer kneift und sich drückt, beweist, daß er feige ist. Wer Euch am Einsatz hindert, zeigt, daß er nicht weiß, worum es geht und sabotiert die Verteidigung unserer Heimat.
Es kommt auf jeden von Euch an, seid fest im Glauben an den Führer! Helft ihm den Sieg erringen, denn ich sage Euch: den Krieg gewinnen wir doch, wenn wir alle unsere Pflicht erfüllen!

gez. Jeckstadt-Borchert"

Klaus Kirchner, Flugblätter aus England und den USA 1944/1945 (= Flugblatt-Propaganda im Zweiten Weltkrieg, Europa, Bd. 7), Erlangen 1980, S. LIX

[66] Das letzte Aufgebot

Kurt Zentner, Illustrierte Geschichte des Dritten Reiches, München 1965, S. 573

[67] Verführt, verraten – und verlassen

Werner Klose, Generation im Gleichschritt. Die Hitlerjugend. Ein Dokumentarbericht, Erweiterte Neuausgabe Oldenburg/Hamburg/München 1982, nach S. 156

[68] „Fast alle von uns gingen drauf“ (April 1945)

„Eine gemischte Kolonne zieht vorbei. Soldaten aller Waffengattungen. Zivilisten, Volkssturm. Eine Versprengtenkompanie, anscheinend aller Altersklassen. Denn am Schluß marschieren ein paar Pimpfe in Braunhemd und kurzer Hose und schleppen Panzerfäuste und Waffen. Dann halten sie an und stehen herum. Ein mutloser, verschüchterter Haufe, der nicht mehr zu leben wagt, der nicht weiß, wo er in der nächsten Stunde untergehen wird.
Der Führer des Haufens, ein Politischer Leiter mit golddurchwirkter Armbinde, läßt wegtreten. Ein paar Jungen legen sich in unsere Nähe. Ein kleiner Kerl sieht mit sehnsüchtigen Augen auf unsere Zigarette. Wir rufen ihn näher. Langsam kommt er herbei und setzt sich zu uns. Wir fragen ihn nach dem Alter. 13 Jahre, antwortet er. Er ist aus Oranienburg und auf dem Wege von einer Versprengtenkompanie in die andere hier in Spandau gelandet. Eigentlich sind wir gar kein Volkssturm, sagt er, denn wir sind dem neu aufgestellten Regiment ‚30. Januar‘ zugeteilt.
Wir fragen ihn, wie er denn mit seinen 13 Jahren überhaupt dazu kommt, mitzukämpfen. Und er zeigt auf seine Kameraden, die zum Teil aus Oranienburg sind. ‚Wir wurden von dem Standortführer, Hauptbannführer Frischefsky, durch Polizei aus den Häusern geholt und mußten in den Kasernen der SS und auf dem Schloßplatz antreten. Dann wurden die einzelnen Fähnlein aufgeteilt und Gruppen der SS und dem Volkssturm zugeteilt. Nördlich und östlich der Stadt wurden unsere Gruppen eingesetzt. Die meisten von uns wurden von Infanteriefeuer getötet, denn wir mußten über freiem Feld angreifen. Später tobte der Kampf in der Stadt. Zwei Tage. In zwei Tagen und Nächten wechselte Oranienburg viermal den Besitzer. Und dabei gingen eben fast alle von uns drauf. Dann schoß der Russe noch mit der Stalinorgel in die Stadt. Und als wir Schluß machen wollten und nach Hause gingen, wurden wir angehalten und mußten mit, nach Eden zu, über den Kanal flüchten. Mein Jungzugführer, der sich weigerte, wurde von ein paar SS-Männern und einem SA-Mann am nächsten Baum aufgehängt. Er war ja auch schon 15 Jahre. Da ging dann der Rest von unserem Fähnlein, 8 Mann – früher waren wir 120 – mit. Als dann die Kanalbrücke gesprengt wurde, hatten wir Ruhe. Ich traf noch ein paar Schulfreunde, die mir sagten, daß der Hauptbannführer mit seiner Freundin und dem Stammführer Schiller von der Fliegertechnischen Vorschule schon vor zwei Tagen mit Fahrrädern nach dem Westen abgehauen sind. Ich bin dann nach Velten gelaufen und wollte nach Hennigsdorf, wo ich eine Tante habe. Aber unterwegs, kurz vor dem Ort, wurde ich aufgegriffen. Dann kämpfte ich in Reinickendorf. An der Straße nach Spandau. Und dann sind wir zurückgegangen. Heute morgen wurden wir nun neu gesammelt und sollen hier eingesetzt werden.‘ Der Junge hat ruhig gesprochen. Leidenschaftslos und trocken lief der Bericht von sei-

nen Lippen, als wäre er wesenlos. Auch er ist schon leergebrannt. In das Heer der Ruhelosen, die nie zurückfinden werden, eingegliedert. Auch er ist mit seinen 13 Jahren bereits ein Opfer der Zeit. ‚Gib mir noch eine Zigarette', bittet er mich. Ich drücke ihm die Schachtel in die Hand. Ruhig zündet er sich die Zigarette an, zieht tief den Rauch ein. Dann steht er auf, läuft davon, setzt sich zu seinen Kameraden."

Helmut Altner, Totentanz Berlin. Tagebuchblätter eines Achtzehnjährigen, Offenbach am Main 1947, S. 123f.

[69] Schicksal?

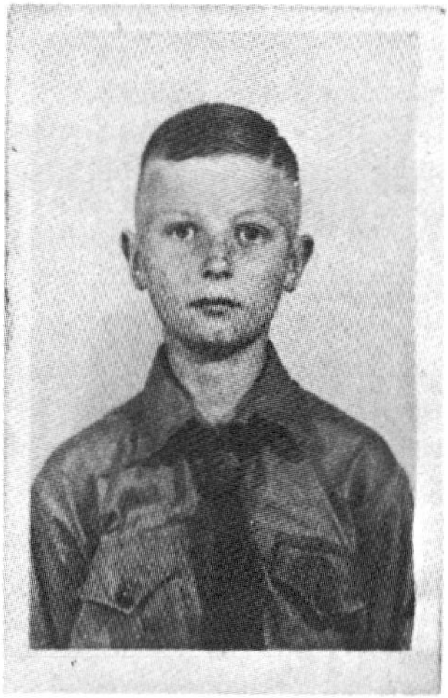

Ein hartes, unerbittliches Schicksal nahm uns unseren geliebten, lebensfrohen, einzigen Sohn meinen lieben Bruder, Enkel, unseren Neffen und Vetter, den Finanzanwärter, Gefreiten

Gerhard Jordan

Funker in einem Art.-Regiment. Er gab sein junges Leben für Großdeutschland in den schweren Kämpfen im Osten am 7. 4. 44 im blühenden Alter von 18 Jahren.

In stiller Trauer und tiefem Schmerz: **Aug. Jordan** und Frau Marie, geb. Thöne, Ruth Jordan (Schwester), Elisabeth Jordan (Großmutter) und alle Verwandten.

Kassel, Ihringshäuser Str. 84. Von Beileidsbesuchen bitte abzusehen.

Georg Thiel

Kriegsfreiwilliger Flieger in einem Lw.-Batl., geb. 4. 10. 26. am 2. 11. 44 im Westen.

Uffz. Karl Thiel. z. Zt. Wehrmacht. Fr. Kath. Thiel. geb. Schojahn. nebst Geschwistern u. Verwandten.

Kassel-B..
Großalmeroder Str. 36.

Geert Platner und Schüler der Gerhart-Hauptmann-Schule in Kassel (Hrsg.), Schule im Dritten Reich – Erziehung zum Tod? Eine Dokumentation, München 1983, S. 264